ジェフリー・バワ Geoffrey Bawa 1919-2003

熱帯建築家

ジェフリー・バワの冒険

Geoffrey Bawa

隈研吾 Kengo KUMA
山口由美 Yumi YAMAGUCHI

とんぼの本

新潮社

目次 contents

スリランカ・バワ建築地図

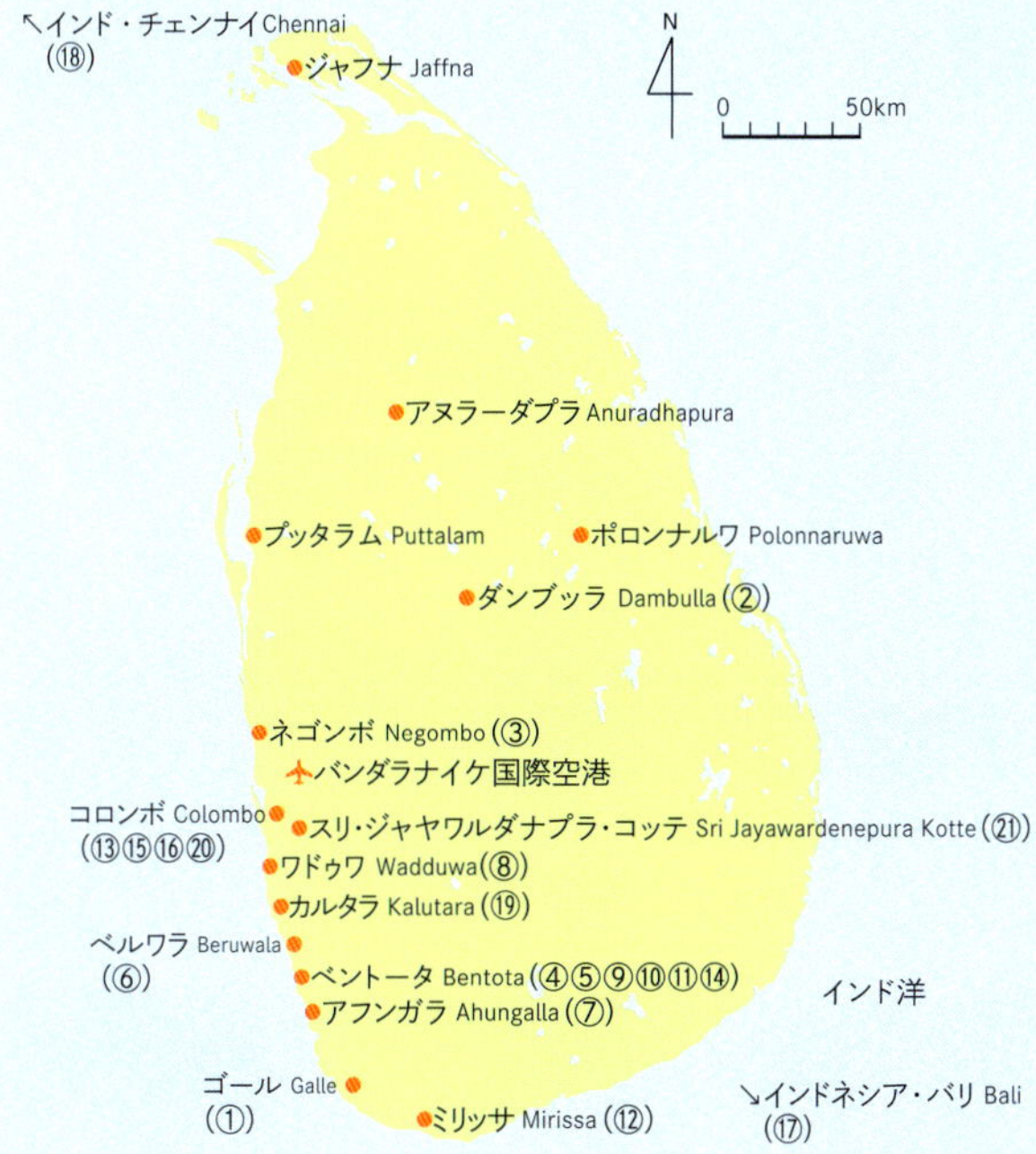

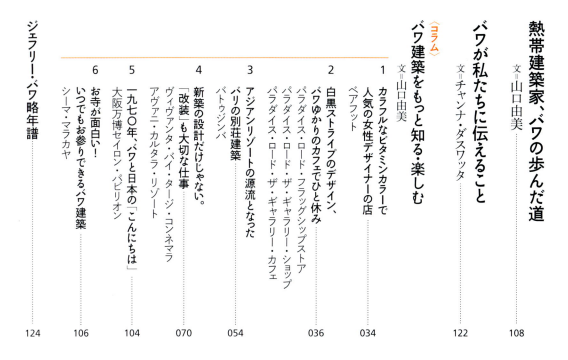

ジェフリー・バウァ——庭の中の孤独な人

隈 研吾

時代は建築の時代から、庭の時代へと転換している。二十世紀から、二十一世紀へという転換の本質は、建築が終わって、庭がはじまったことである。われわれは、そのような時代を生きて、転換に遭遇している。ジェフリー・バウァという建築家は、この転換に際して、大きな役割を果たしたキーパーソンとして、記憶されるべき存在である。ずっと、思い出されていい建築家である。

　二十世紀初頭の世界を席捲したモダニズム建築は、一言で要約すれば「建築の時代」に形を与えようとする運動であった。技術のブレークスルーがあり、人口の爆発がおこった時に、「建築の時代」ははじまった。いつもそのようにして「建築の時代」ははじまる。そうしてはじまった「建築の時代」に対して、どのような形を与えればいいのか。その大課題に対して、最も的確な解答を与えたのは、*コルビュジエと*ミース・ファン・デル・ローエという二人の巨匠である。コンクリート、鉄、ガラスという素材を駆使して、「建築の時代」にふさわしい、かちっとした合理的な建築を彼らは提案し、二十世紀の建築のベースを作った。

　コルビュジエ達の試みは、ある意味でルネサンス建築に似ていた。オスマン・トルコという重石がはずれて、ルネサンスが花開き、一方、産業革命の成果が、

***ル・コルビュジエ**
Le Corbusier
一八八七〜一九六五
スイスで生まれ、フランスで主に活躍した建築家。フランク・ロイド・ライト、ミース・ファン・デル・ローエとともに近代建築の三大巨匠と呼ばれる。主な作品にエスプリ・ヌーヴォー館（パリ 一九二五）、サヴォア邸（ポワッシー 一九三一）、ユニテ・ダビタシオン（マルセイユ 一九五二）、ノートル・ダム・デュ・オー礼拝堂（ロンシャン 一九五五）、国立西洋美術館（東京 一九五九）など。

モダニズムという形で開花した。一定のルール、スタンダードに基づいて、建築に秩序を与えることができれば、建築は自動的に再生産されていく。ともに「建築の時代」の産物であったルネサンス建築もモダニズム建築も、そのような方法で大量に作られていく建築に、「美」を自動的に与えたのである。

この方法の最大の問題点は、それでも建築は、庭という固有で特別な場所にたっているという、消すことのできない事実である。庭にたっていない建築というものはない。そして庭は、すべてが別々で、特別で、一回きりのものである。この否定しようのない事実をきっかけとして、反復を基本原理とする「建築の時代」が終わり、固有性を原理とする「庭の時代」がやって来る。ルネサンスの後で、モダニズムの後で、人々は庭に目を向けはじめたのである。

ヨーロッパでいえば、ルネサンスという「建築の時代」のあとに、まずフランスで庭に関心が移行し、庭が時代の中心となった。ルイ14世によるベルサイユ宮殿である。彼は建築以上に、庭がコミュニケーションのメディアとして利用できることを発見した。その後に、十八世紀の英国で、本格的に、「庭の時代」がスタートした。フランスの庭があって、イギリスの庭がはじまった。両者は対立をしているわけではなく、段階的に継続している。

イギリスに近代と呼ばれる時代がスタートするきっかけを作った囲い込み（エンクロージャー）と呼ばれる社会現象が、「庭の時代」を先導した。十八世紀半ばから、この動きがはじまったと、歴史は伝えている。建築をいくら立派に大きく作ったとしても、建築は所詮、庭の上の腐りやすいパビリオンであり、建築自体が価値を生み出すということはないことを、イギリス人は発見したのである。価値を生み出すのは、土地であり、大地そのものである。そのような冷静な認識

＊ミース・ファン・デル・ローエ
Ludwig Mies van der Rohe
一八八六～一九六九
ドイツ出身の建築家。バウハウスの第三代校長を務めたのちアメリカに亡命。主な作品にバルセロナ・パビリオン（一九二九）、ファンズワース邸（米イリノイ州プラノ一九五〇）、レイクショアドライブ・アパートメント（シカゴ一九五一）、シーグラムビル（ニューヨーク一九五八）、ベルリン・新ナショナル・ギャラリー（一九六八）など。

がイギリス人の間にめばえて、土地の所有権の明確化、すなわちエンクロージャーの時代がスタートした。

エンクロージャーの時代によって、土地というものの価値を発見した貴族が、自分の囲い込んだ土地そのものを美しく飾り立てたいと願って、十八世紀の風景式庭園がはじまった。ルネサンスという「建築の時代」のあとに、「庭の時代」という、一種の成熟が訪れたわけである。振り返ってみれば、フランス式庭園は一種の過渡期の産物であった。「建築の時代」から「庭の時代」へ移行する狭間に、フランス式庭園という、庭園の建築化が試行されて、二つの時代をつないだわけである。

二十世紀においても、全く同様の転換があった。工業化が「建築の時代」をもたらし、モダニズム建築の美学が「建築の時代」をリードし、その拡張と興奮の時代の後に「庭の時代」の静寂が訪れた。転換のきっかけを作ったのは、アメリカの建築家、フィリップ・ジョンソン*である。

ジョンソンはミースを崇拝し、ミースのスタイルをアメリカに伝えた建築家として知られている。

しかし、ジョンソンがやったことは、ミースのアメリカ化というよりも、ミース建築の「庭園化」であった。アメリカ、コネチカット州ニューキャナンの森の中に、ジョンソンは広大な土地を所有し、そこに彼はガラスを用いて自邸を建てた（ガラスの家* 一九四九年）。この家は、二十世紀建築における、決定的な転換点を指し示していると僕は考える。この家をヒンジとして、「建築の時代」が、「庭の時代」へと転換したからである。

この家自体が傑作というわけではない。この家は、建築としては駄作であり、

***フィリップ・ジョンソン**
Philip Johnson
一九〇六〜二〇〇五
アメリカ・オハイオ州クリーヴランド生まれ。ニューヨーク近代美術館（MoMA）のキュレーターを経てアメリカを代表する建築家に。主な作品にシェルドン美術館（リンカーン 一九六三）、サンクスギヴィングスクエア（ダラス 一九七六）、クリスタルカテドラル（ガーデングローヴ 一九八〇）、AT&Tビル（ニューヨーク 一九八四）など。

***ガラスの家**
Glass House 一九四九
フィリップ・ジョンソン建築作品。コネチカット州ニューキャナンの広大な敷地に点在する10の建築物の一つ。壁面がすべてガラス張りの住宅。

散漫な作品である。ジョンソンの広大な庭の中には、このグラスハウスをはじめとする駄作が乱雑に配置されている。

しかしそのゆるく、いい加減な状態こそが、「庭の時代」の到来を示している。建築が、庭という圧倒的な価値を飾るための、装飾物へと墜ちたことを、見事に示しているのである。それを見せるために、わざわざ駄作を作ったようですらある。

風景式庭園でおこったことと同じこと、「建築」から「庭」へという転換が、二百年をへだてて再現された。ジョンソン自身が、イギリスの風景式庭園に対する愛情を語っているのは、決して偶然ではない。

ジョンソンという一種のピエロのあとに「庭の時代」の到来を決定的にしたのは、ジェフリー・バウァであったと僕は考える。バウァはスリランカに生まれ、イギリスで育つことによって、イギリスという「庭の国」の文化を、二十世紀によみがえらせることに成功したのである。イギリスは、ヨーロッパの中心から離れていた。その中心からの距離が、庭の文化を育てたのである。

二十世紀のモダニズム建築の本質は、ルネサンス的な数学であり、「建築主義」である。ジョンソンは、ウイットに富んだお茶目な人間で、見事にその数学を笑い飛ばした。しかし、ジョンソンの庭は依然として、数学に、そして「建築」にしばられているように僕は感じた。アメリカにいたことで、彼は建築という制度から抜け出すことができなかったのである。

ジョンソンは「庭の時代」のきっかけを作っただけではなく、ポストモダニズムと呼ばれる、一九八〇年代の歴史主義建築の復興運動の首謀者として知られている。

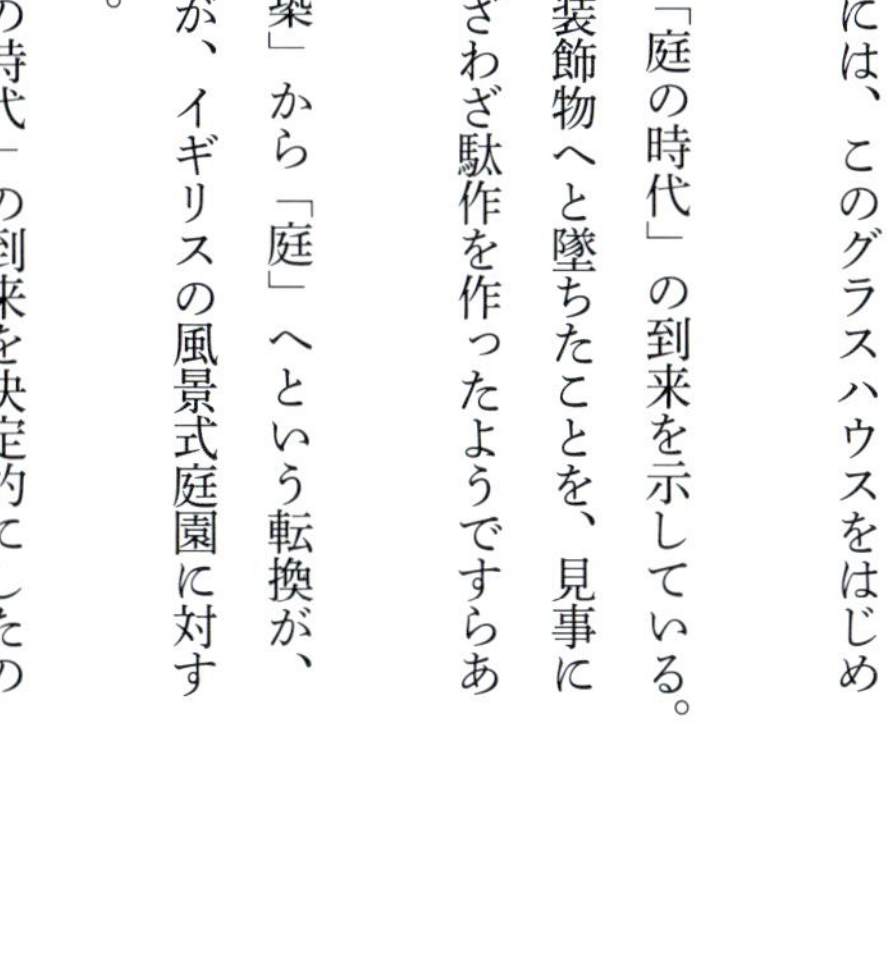

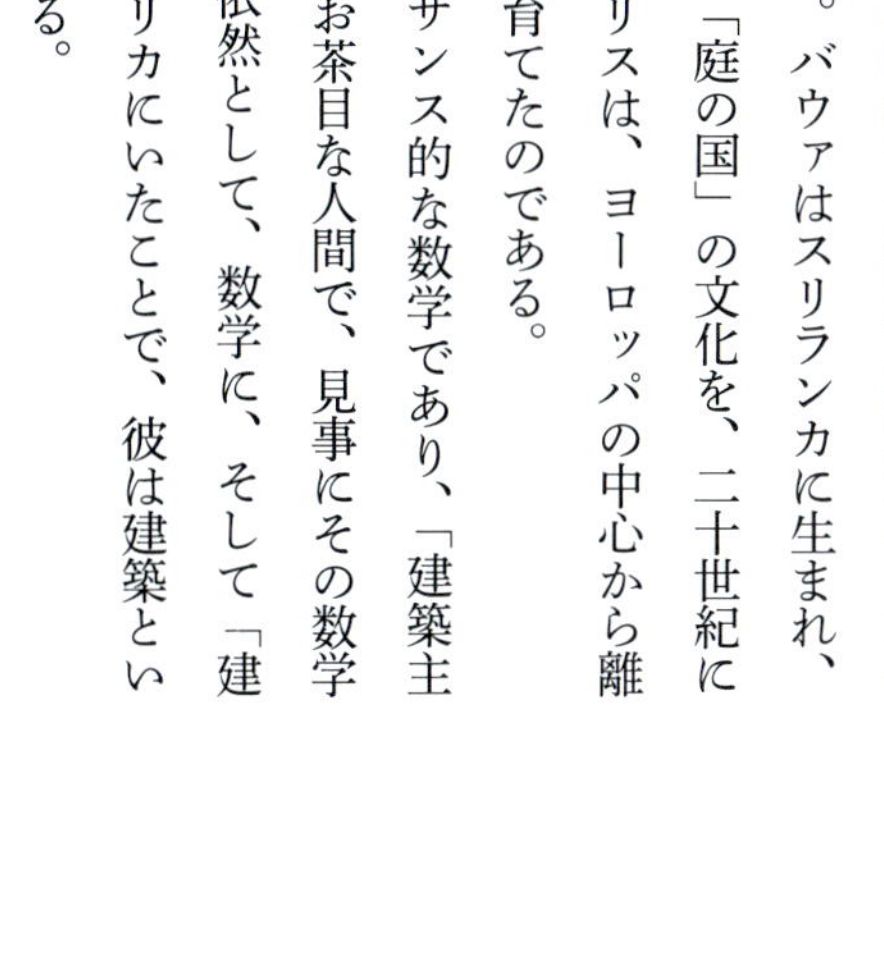

フィリップ・ジョンソン作
ガラスの家（2点とも）

ポストモダニズムは、モダニズム建築の様式を否定したが、現代の中に過去を再生しようと試みた。八〇年代のジョンソンは歴史を再生し、過去に戻ろうとした。

しかし、今ポストモダニズム建築を振り返ると、それが依然、建築という制度、建築という時代から抜け出していなかったことに、僕はいら立ちを覚える。モダニズムが「建築の時代」の運動であったとするならば、ポストモダニズムは、モダンの否定をうたうのならば、過去を讃えるだけではなく、建築自体を解体して、建築を庭の中にくだき、解き放つべきだったのである。その点で見れば、ジョンソンのやったポストモダニズムは、全く中途半端であった。

ジェフリー・バウァが「建築の時代」に終止符をうてたのは、彼が「建築」という制度の外側にいたからであり、西欧という枠組みの外側にいたからである。十八世紀のイギリスが大陸から隔絶された海の中にあったように、バウァはシステムの「外側」にいた。彼はそもそも法律を学んで弁護士をなりわいとし、建築を趣味としてはじめたのである。その意味で建築の外側の、ど素人であった。そして当然スリランカは西欧の外にいた。インドよりも、さらに遠い、海の中にいた。

バウァの建築は、庭の中に散らばった、一種の雑音のようなものであると、僕は感じている。写真家の二川幸夫が、バウァのことを評して、「骨董屋」と呼んだ。骨董屋は、通常の経済のシステムの外側にいて、現在という時間の外側にいて、その外側というポジションを生かして、利益を獲得するのである。バウァは、そのような自由でいい加減な存在であり、よく言えば、制度に対して批評的な存在であった。

だから、ポストモダニズムの同時代にいながら、歴史そのものを超越して、歴史の上に（メタレベルに）位置し、ポストモダニズムというアメリカ流のニセ物を嘲笑し、歴史を嘲笑できたのである。

建築という枠組みからみれば、バウァの建築は、庭の中に散らばった東屋の集合体であり、どうしようもない雑音にすぎない。

しかし雑音だからこそ、それは建築という、それ自体が重く、堅苦しい制度に対する、最強の批判たり得ているのである。

その結果、バウァから、いろいろなものが生まれた。「庭の時代」の様々なムーブメントに、バウァは結果として、大きな影響を与えた。たとえば*エイドリアン・ゼッカはバウァにインスピレーションを得て、アマンという名のリゾート・ホテルチェーンを創造した。バウァがいなければ、アマンは生まれなかっただろう。スリランカよりさらに遠い海の中の場所、バリを媒介にして、バウァとエイドリアンは出会い、ここから二十世紀の建築の世界は、新しいフェーズに踏み出した。

アマンは、世界のホテルのあり方を変えたし、建築という制度そのものが、アマンによって笑い飛ばされている。バウァ、アマンという流れは、世界の住宅の作り方自体にも、住宅というものの定義自体にも、大きな影響を与えた。西欧対非西欧という枠組み、中心対周縁という構図も、バウァに続く流れの中で、消滅していった。熱帯の庭の中では、対立もなければ、批判もなく、ただすべてのものが融けて、腐り続けるのである。

それらのすべての動きのきっかけを作ったのが、バウァという外側の人、庭の中の孤独な人であった。海の中の孤独からすべてが生まれた。

＊エイドリアン・ゼッカ
Adrian Zecha
一九三三〜
オランダ領東インド・ジャワ島スカブミ生まれ。アマンプリ（タイ・プーケット）やアマンダリ（インドネシア・バリ）をはじめ世界中にリゾートホテルを展開するアマンリゾーツの創業者。

バワ建築の歩き方

人呼んで「熱帯建築家」。
インド洋に浮かぶ島スリランカが生んだ
ジェフリー・バワは、独自の空気感をもつ空間を創出した。
空、海、山、水、樹、石……
自然と一体化するバワ建築――実際に体感できる14のホテルへ。

山口由美

ジェットウイング・ライトハウスの海に面したテラス

海に向かって開かれたドラマチックな空間

ジェットウイング・ライトハウス

Jetwing Lighthouse
［1995—1997］

エントランスから2階に誘う螺旋階段。シンハラ軍とポルトガル軍の戦いをモチーフにしたラキ・セナナヤケの作品は、さながら階段を実際に行進していくよう。作者本人をモデルにした像が階段の一番上で笛を吹く。

海に面したライトハウスの外観。施主に連れられ、初めてこの岬を訪れた時、バワの頭の中に一瞬にしてホテルの全体像が浮かび上がったという。2階バルコニーからは世界遺産のゴール・フォートが遠くに望める。

スリランカ南部の港町、ゴールを象徴するのが、世界遺産の旧市街と要塞、すなわちゴール・フォートである。

ライトハウスは、このゴール・フォートを遠く望む岬に建つ。

道路から見ると、ホテル自体がもうひとつの砦であるかのように、芥子色の壁が立ちはだかる。

玄関の前で車を降りると、奥にフロントカウンターがあるのだが、宿泊客がそこに立ち寄るのは、チェックアウトの精算の時だけ。ホテルのスタッフは、荷物を受け取ると、階段を上がるように促す。

おおっ。いきなりのドラマチックな空間に圧倒される。

旗を掲げ、武器を手にして進軍する兵士のオブジェが、螺旋階段を縁取っている。バワ建築に多くの作品を提供している、友人のアーティスト、ラキ・セナナヤケの作品だ。ゴールを植民地にしていたポルトガル人とシンハラ人の戦いをモチーフにしたものだ。

階段を上ると、視界に海が飛び込んでくる。天候に恵まれ、海が青く抜ける日の美しさは格別だ。手前の床に空の青が映って、海に向かって開かれた建築が、海それ自体

バワオリジナルの客室が並ぶ回廊。芝生から正面の角度で見ても、また違う表情を見せる。
左手奥の青いドームの内部にラキ・セナナヤケの彫刻が縁取る螺旋階段がある。

の一部になる。

正面にあたる位置に、テーブルを挟んで向かい合った二脚の椅子が置かれている。椅子の配置もバワの企みであることは言うまでもない。初めてライトハウスを訪れた人は、しばし、ここで立ち止まって、息を呑む。

そのまま前に進んで、椅子のあるテラスまでいくと、水平線として見えていた海が表情を変える。ホテルの前の海岸は岩場になっていて、波が岩に砕け散る。男性的な荒々しさを感じさせる、動きのある海の表情は、ライトハウスを印象づける大きな要素といっていい。

対の椅子は、海を前に五組並んでいる。

道路に面したエントランス。ゴール・フォートの石垣を思わせる堅牢な造りは、ビーチリゾートのイメージからは遠い。

この場所はバワのお気に入りのひとつだと伝えられている。ライトハウスが完成した一九九七年の年末にバワは脳梗塞の発作に見舞われたが、車椅子生活になってもなお、その場所にしばしば佇んでいたという。

椅子の並んだ開放的なテラスは、今もライトハウスで一番居心地のいい場所。インド洋から吹く潮風は、かつて東西の商人たちをゴールに誘った。

スイートルームは、そうしたゴールの歴史に題材をとっている。オランダをイメージした「スピルバーゲン（ダッチスイート）」、中国風の「ファーフィエン（チャイニーズスイート）」。「イバン・バトゥータ（モロッカンスイート）」のモロッコは唐突にも思うが、ゴールにはアラブ人も多く訪れていた。

客室棟は、海の見えるテラスの向かって右手から続いている。回廊の美しさもバワならでは。バワの回廊は白い空間が多いのだが、ここは、芥子色の壁とターコイズブルーのドアの組み合わせが、何ともエキゾチック。起伏のある芝生にゴツゴツした岩がのぞく中庭の先に、背景と水面が一体化して見えるインフィニティプールがある。さらにアシンメトリーで不思議なデザインの階段を下りていくと、もうひとつ、大きなプールがある。

下の大きなプールとその奥にあるスパ棟は、バワの弟子であるチャンナ・ダスワッタ氏が建てたもの。階段下のプールに面した客室棟も同じくチャンナ氏による増築である。だが、言われなければそうとはわからないほど、馴染んでいる。客室はいくつかのタイプがあるので、バワのオリジナルにこだわるならば、テーマスイートかデラックスルームをリクエストするといい。

早めにシャワーを浴びてすっきりしたら、夕暮れの時間は、対の椅子が並んだテラスで海を見て過ごしたい。

岩場のほうまで歩いて行って、振り返ると、ホテルの全景が見える。道路側のエントランスからは窺い知れない、巧みな配置に感心する。時々、大きな波がザッブーンと押し寄せる。足場も悪いので注意して。でも、日暮れの時刻、ここから見る外観は圧巻である。

レストランは三つ。海に面したテラスの奥と三階にある。夕食後、ぜひ訪れたいのが、三階のレストラン隣にあるバーである。入り口の周囲は、池を囲んだ中庭ふうの造りになっていて、ここも雰囲気のある空間だ。

バーの見どころは、天井のバティック画である。ラキ・セナナヤケと並んで、バワ建築とよくコラボレーションしたことで知られるエナ・デ・シルヴァによるもの。セイロン時代のさまざまな都市の紋章をデザインした、歴史を感じさせるモチーフである。

熱帯の光や風は気まぐれで、それに呼応するバワの建築は、時間帯によって、天候によって、表情が変わる。出来れば二泊はしたいところ。近年、お洒落なショップやカフェが増えたゴール・フォートの町歩きも滞在中のプランに加えたい。

ダッチスイートのベッドルーム。目にも鮮やかなターコイズブルーの扉は、ほとんどの客室にあるライトハウスのアイコンだ。

チャイニーズスイートのリビングルーム。窓枠の飾りがエキゾチックな彩りを添える。
スリランカのホテルで見る中国風のインテリアは不思議な感じだが、これもゴールの歴史の一部なのだ。

モロッカンスイートのベッドルーム。家具にあしらわれた濃いブルーが、白い壁に良く映える。
バスルームやリビングルームも独特の雰囲気がある。

17頁上の印象的な回廊の先に広がるのが、このインフィニティプール。
芝生に点在する岩も、プールサイドの風景にアクセントを添える。写真奥の樹木の先に左頁下の階段が続く位置関係だ。

レストランは、冷房の効いた室内と海に面したテラス席からなる。朝食は、潮風に吹かれながら食事を楽しめる
テラスがおすすめ。特にここは屋外での食事が好きな欧米人ファミリーが陣取ることの多い特等席だ。

池を取り囲むように回廊が配された不思議空間。奥がバーの入り口になる。夕暮れ時も美しい表情を見せる場所。
実はここが建物の最上階にあたる。屋根が建物全体の屋根にもなっている。

インフィニティプールから続く階段。弟子のチャンナ・ダスワッタが拡張工事で手がけたもの。
この階段を下りていくと、もうひとつ大きなスイミングプールがある。

改装後はレイアウトが変更になり、カウンター席はなくなってしまったが、
幻想的な独特の雰囲気は開業当時から変わらない。

印象的な海と椅子のシーンはこのホテルのハイライトだ。
晴れた日中ももちろんいいが、朝や夕方、雨の日、それぞれに表情がある。

Jetwing Lighthouse

Dadella, Galle
Tel 091-2223744
Fax 091-2224021
www.jetwinghotels.com

緑茂る岩山と一体化した、悠久の存在感

ヘリタンス・カンダラマ

Heritance Kandalama
［1991—1994］

緑に埋もれた外観は、ホテルとは思えないほど幻想的。このベストショットはインフィニティプールの横から。
朝は金色の光に包まれて、日が昇るにつれて緑が濃くなってゆく。

レストランの入り口前、階段から上がってくるゲストを見下ろすように、大きく翼を広げたフクロウが鎮座する。
バワの作品と言えばのアーティスト、ラキ・セナナヤケの作品。カンダラマのアイコンである。

ビーチリゾートがほとんどのバワのホテルにあって、唯一、内陸部に位置するのがここだ。カンダラマという人造湖のほとり、鬱蒼とした緑に覆われた岩山を抱くようにして、ホテルは建つ。

到着すると、岩山の一部がむき出しになった、スケール感あるエントランスに迎えられる。鮮やかな色のサリーを着た女性スタッフが、微笑みと共に蓮の花を差し出してくれる。でも、申し訳ないけれど、いつも視線は、まるで劇場のような背景に釘付けになってしまう。

岩に沿って続く回廊を抜けると、視界が開け、開放感のあるロビーラウンジに誘われる。

こちらを向いているのは、白い蛇のオブジェ。テラスの先には、インフィニティプール。その先にカンダラマ湖が見える。

一連のドラマチックな展開に圧倒され、キョロキョロしてばかりの宿泊客は、ここでウェルカムドリンクをサービスされ、ようやく一息つく。だが、カンダラマのドラマは、まだ始まったばかりである。

とにかく大きい、広い。

直線的で、無機質な建物と、有機的な岩山と緑のコラボレーション。そして、とこ

チェックインの際、ウェルカムドリンクを振る舞われるのがここ。白い蛇をかたどったユニークなオブジェがお出迎え。
もっとも、ほとんどの人が視線を向けるのは、蛇と反対側に広がるインフィニティプールなのだが。

ろどころにあるユニークなオブジェが、アクセントとなっている。

なかでも印象的なのは、レストランの入り口前の踊り場にいる、巨大なフクロウだ。もちろん作者は、バワと言えばのアーティスト、ラキ・セナナヤケである。

岩山に沿って弧を描くようにデザインされた建物は、シーギリヤ・ウイングとダンブッラ・ウイングという二つの客室棟から成り、全長は約一キロメートルにもおよぶ。左右の腕を伸ばして、岩山を抱きかかえるイメージだろうか。シーギリヤとは、伝説と共に伝えられる王宮跡の岩山、シーギリヤ・ロックのこと。ダンブッラとはスリランカ最大規模の石窟寺院。客室棟のネーミングは、周辺にあるこれら二つの世界遺産に由来する。

開業は一九九四年。当時、ヨーロッパ人の旅行者がビーチだけでなく、多くの仏教遺跡が残る「文化三角地帯」も日程に組み込むようになったことを受けて、ホテルは計画された。だが、観光の拠点にしては、どちらの世界遺産とも隣接していない。その理由は、ジェフリー・バワが施主とヘリコプターで視察した際、当初の建設用地からここに変更してしまったから。この岩山

岩山を抱くようにして建つホテルは、あちこちに自然のままの岩が内装の一部として生かしてある。
しかし、それにしても廊下の真ん中にドーンと置くのもどうかと思うが。これがバワ流の美学なのだろう。

にインスピレーションが湧いたのだろう。

客室に続く廊下にも、ところどころに露出した岩がある。客室に入ると、窓を覆うように緑が生い茂っていた。

カンダラマに泊まったら、あまり夜更かしせずに、早起きに備えたい。朝もやの立ちこめる早朝が、ひときわ美しい時間帯だからである。

まずは、人気のないインフィニティプールへ。ここから見るホテルの外観が、カンダラマのベストショットだ。建物と緑が一体化した風景は、何とも幻想的。ファンタジー映画の一場面のようでもある。

金色の葉をつけた樹木のオブジェがキラ

まるで古墳のようなカンダラマの外観。一見すると、とてもホテルとは思えない。この絶景はカンダラマ湖畔から見ることができる。

カンダラマのレストランは2つあるが、ここ「カンチャナ」では朝、昼、夕とブッフェ形式の食事が楽しめる。
金色の葉っぱがついた木のオブジェはラキ・セナナヤケ作。

岩山の一部がむき出しになったドラマチックなエントランス。奥にフロントカウンターがある。日が暮れると、より一層幻想的な雰囲気になる。

キラと印象的なレストランも、朝のひとときは、窓の風景に目がいってしまう。朝食の準備が整ったばかりのレストランに朝の光が差し込んで、まばゆいばかりに美しい。

朝食をすませて、階段を下りてゆくと、バワがお気に入りだったと伝えられる踊り場がある。今もそこに建築家が佇んでいるような存在感をもって、机と椅子が置いてある。椅子に座ると、バワの愛したとっておきの絶景が眼前に広がる。

それにしても、カンダラマの不思議は、こうして広い館内の端から端まで制覇しても、全貌が把握できないことだ。

いったいホテルは、どのように岩山と一

階段の踊り場にある、バワがお気に入りだった場所。ちょっと斜めに椅子を引いてあるのだが、
それがいかにも少し前までバワが座っていたような錯覚を招く。静かな早朝に訪れて、稀有な建築家に想いを馳せたい空間である。

体化しているのか。

それを知るには、カンダラマ湖畔からホテルを見ることだ。乾季であれば、湖畔を散策することができる。私は、以前、ここで象に乗ったことがある。

四角い縁台のような鞍に乗ると、視界がぐんと高くなる。森を抜けて、湖の畔へ、ゆったりと前に進む。

眼前に緑の生い茂る岩山が迫る。

近づくにつれ、緑の中にホテルの全景が浮かび上がる。山を呑み込むように、あるいは呑み込まれるように山と一体化した姿は、まるで古墳のようだった。

斬新でありながら、悠久を感じさせる神秘性を持って、建物は、かつてバワ自身が予言したように、山そのものへと回帰しているのかもしれない。

観光のために生まれたホテルなのに、カンダラマに泊まると、いつも周辺の観光に行きそびれる。世界遺産にも負けないほど、カンダラマは存在感があり、見どころがいっぱいなのだ。

とはいえ、文化三角地帯の世界遺産を見ることで、バワがこのホテルに込めたメッセージも見えてくる。出来れば連泊のゆったりした日程で訪れたい。

Heritance Kandalama

Dambulla
Tel 066-5555000
Fax 066-5555050
www.heritancehotels.com

1.ダンブッラ・ウイングの先に、もうひとつスイミングプールがある。ここまで来るゲストは少ないので人目を気にせずくつろげる。
2.カンダラマ湖を見下ろすメインのインフィニティプール。いつも滞在客で賑わっている。
3.バワのお気に入りだったと伝えられる、シーギリヤ・ウイングの角部屋。このホテルのロケーションの素晴らしさを実感できる。
4. 3の部屋のベッドルームはこんな感じ。客室の内部は、バワの弟子であるチャンナ・ダスワッタ氏によって改装された。
5.廊下の突端に立つ不思議な木製の人形。客室を結ぶ廊下はすべて壁がなく、風が吹き抜ける構造になっている。

客室のテラスにて。ジャングルに囲まれているからか、あるいはホテルそれ自体を
ジャングルの一部だとサルが勘違いするからか、テラスや建物の屋上には、時々こうして野生の闖入者があらわれる。

カラフルなビタミンカラーで人気の女性デザイナーの店

◆ベアフット

カラフルな内装がかわいいカフェ。バワが亡くなる前、最後に公に姿を見せたのが、ここのオープニングだったという。

バワファン必読のデイビッド・ロブソン氏の著書のほか、建築、アート、スリランカの歴史や文化に関連した本の品揃えはコロンボ市内随一。

1. テキスタイルを織るデモンストレーションを見ることもできる。ベアフットの製品はスリランカの女性の自立も助けている。
2. カラフルなファッションアイテムはトロピカルリゾートにぴったり。太陽に映えるビタミンカラーのサマードレスなどいかが。
3. ベアフットでお土産を買うなら定番はこれ。オリジナルテキスタイルで作ったキュートな動物のぬいぐるみ。おすすめは、スリランカらしいゾウさん。

さまざまな商品が揃う店内。ハンドメイドの心得があるのなら、布地を買っていくのも面白い。
選りどり見どりのぬいぐるみのほか、クッションカバーも人気のアイテムだ。

バワ建築に使われたテキスタイルをコラボレーションしたことで知られるデザイナー、バーバラ・サンソーニ。キャンディ生まれのイタリア系スリランカ人の彼女は、作家や画家としても活躍する才能あふれる女性である。

彼女が一九六四年から展開するブランドがベアフット。地元スリランカの女性たちが直営工房で作製する色鮮やかなコットン製品は、海外でも人気が高い。

コロンボのショップには、お土産の定番、動物のぬいぐるみや小物入れといった手頃なものから、洋服やアクセサリー、インテリア用品に布地まで、さまざまなラインナップが揃う。熱帯の太陽を思わせる明るい色使いは、ベアフットならではの世界である。

カフェや書店も併設されている。バワ関連の書籍を買うなら、品揃えの充実したここがおすすめ。ちなみに、息子のドミニク・サンソーニは写真家で、バワに関連した写真を多く撮影している。

ベアフット
Barefoot

704 Galle Road,
Colombo 3
Tel 011-2589305
www.barefootceylon.com

白黒ストライプのデザイン、バワゆかりのカフェでひと休み

◆パラダイス・ロード・フラッグシップストア ◆パラダイス・ロード・ザ・ギャラリー・ショップ／パラダイス・ロード・ザ・ギャラリー・カフェ

［パラダイス・ロード・フラッグシップストア］
1. パラダイス・ロードのメインショップ。コロニアル風の建築がかわいらしい外観。
2. 白黒の模様が定番だが、ブルーのシリーズもある。ストライプとドット、どちらにしようか迷ってしまう。
3. シンハラ文字をデザインした、これもパラダイス・ロードの人気シリーズ。食器のほか、エコバッグやエプロンなどの布製品もある。

1. こけしのような人形は、実はドアストッパー。人気のオリジナル製品だ。スリランカの民族衣装などがデザインされていて可愛い。
2. 白黒ストライプをアレンジした食器。パラダイス・ロードでは定番の商品。
3. オリジナル製品のほか、セレクトショップ的な品揃えも豊富。商品の陳列もセンスがあるので、見ているだけで楽しい。

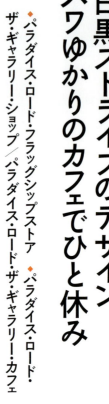

［パラダイス・ロード・ザ・ギャラリー・カフェ］
1.半屋外の開放的なカフェの店内。巨大な中国の壺が飾られた、バワ好みのスペースだ。
2.ここはバワのオフィスだった場所。そのオマージュとして、店の入り口ではバワの頭像がお出迎え。
3.エントランスとカフェを結ぶ回廊。ここがバワの作品であることを最も感じさせる空間である。
4.美味しいと評判の自家製スイーツが並ぶテーブルは、なんとバワがここを事務所に使っていた時のデスク。カフェに唯一残るバワゆかりのものだ。

パラダイス・ロードもスリランカといえばのデザインブランド。白と黒のストライプや丸っこいシンハラ文字をアレンジした食器や小物が人気である。

オーナーでデザイナーのシャンタ・フェルナンドは、オランダやオーストラリアで長く生活した後、オランダ人の妻と帰国。おもちゃの輸入などに携わった後、一九八七年にパラダイス・ロードを創業した。ローカルとモダンのコラボレーションは独特の世界観だ。

一九九八年にバワのオフィスだった場所を改装して開業したのがザ・ギャラリー・カフェ。バワ自ら、フェルナンドのデザインコンセプトを気に入って彼の改装の提案を許可したという。

落ち着いた雰囲気のカフェは、コロンボ随一のお洒落スポット。在住外国人や観光客、ファッション感度の高そうなカップルなどで、いつも賑わっている。ケーキやカフェ飯のメニューが美味しいことでも有名。実は、レストランとしての知名度も高い。

パラダイス・ロード・フラッグシップストア
Paradise Road Flagship Store

213 Dharmapala Mawatha,
Colombo 7
Tel 011-2686043

パラダイス・ロード・ザ・ギャラリー・ショップ
Paradise Road The Gallery Shop

2 Alfred House Road,
Colombo 3
Tel 011-2582592

パラダイス・ロード・ザ・ギャラリー・カフェ
Paradise Road The Gallery Café

2 Alfred House Road,
Colombo 3
Tel 011-2582162 / 011-2556563
www.paradiseroad.lk

バワが伝えようとした南国の水辺の空気感

ジェットウイング・ラグーン

[旧ブルー・ラグーン・ホテル Blue Lagoon Hotel]

Jetwing Lagoon
[1965—1966]

ホテルの名称は、豊かな水をたたえたネゴンボのラグーンに由来する。一帯は古くからの漁村であり、人々はラグーンの恵みから生活の糧を得てきた。

大都市コロンボより、国際空港へのアクセスがいいことから、到着日や最終日の滞在に便利なネゴンボ。だが、その魅力はロケーションだけでないことを実感する。

前身のブルー・ラグーン・ホテルは、バワが最初に手がけたホテルとして、またスリランカで最初の観光客向けリゾートとして、一九六六年に開業した。その後、しばらく廃墟として忘れ去られていた時代があったが、二〇一二年、ジェットウイング・ラグーンとして生まれ変わった。

ジェットウイングは、代表作のライトハウスなど、いくつかのバワホテルを所有することで知られる、スリランカを代表するホテルチェーンだ。現会長のヒーラン・クーレイ氏の父親にあたる先代経営者は、バワと親しい間柄だった。その父の友人にあたるのが、ブルー・ラグーン開業時のオーナーである。クーレイ氏自身も子供時代にここを訪れたことがあり、その思い出が、今回の再生につながったという。

新生ラグーンを手がけた建築家は、「ビ

長さ100mのスイミングプールは、開業時からのテーマであるネゴンボ・ラグーンとの関係性を発展させたもの。左手の椰子の木のそばに見える給水塔は、数少ない完全なバワオリジナルの建物として残る。2024年9月にウェルネスリゾートとしてリニューアル。

ヨンド・バワ」と総称される後継者の一人、ヴィノッド・ジャヤシンゲ氏である。

エントランスを入ると、まず目の前に広がるのが、全長百メートルもある巨大なスイミングプールだ。

改装にあたり新設されたものだが、ラグーンの水辺との関係性は、今も昔もホテルを象徴している。ラグーンに面していない場所でも、その関係性を感じてもらいたくて発案したという。

プールの先に見える赤茶色の屋根の建物がレストランやバーのあるパブリックエリア。この建物の向こう側に面しているのがラグーンという位置関係になる。

オリジナルの雰囲気がよく残っているのが、かつてのハネムーンスイート、現在の「バワスイート」と、平屋建ての「バワルーム」と呼ばれる客室だ。「バワスイート」の特徴的な外観は、ホテル内で数少ない完全なオリジナルの建築である給水塔と全体のフォルムが似ている。

ビヨンド・バワの建築家は、改築や増築にあたって、しばしば「バワと同じ言語を使う」という言い方をする。バワのコピーではなく、同じ素材やテクニック、考え方を用いるという意味だ。

バワルームと呼ばれる長屋のように並んだ客室棟。ここも外観はバワのオリジナルが残る。
室内は42～43頁のバワスイートと似た感じ。使い勝手もよく快適に滞在できる。

38～39頁のプールの奥に見える建物のエントランス。現在は2つのレストラン、バー、4つのデラックススイートが入る建物になっている。
改装はしたものの、オリジナルの雰囲気をよく伝えている。開業時はここがホテルの玄関だった。

目の前にネゴンボ・ラグーンを望む、開放的なメインレストラン。
ここも改装されたスペースだが、建物の駆体にバワオリジナルの遺構が残る。ラグーンで捕れる新鮮なシーフードを楽しみたい。

パブリックエリアは、オリジナルの躯体をベースに、まさに「同じ言語を用いて」ジャヤシンゲ氏が手を加えたもの。バワのスタイルを継承しつつ、今どきのホテルらしい、スタイリッシュな印象に仕上がっている。ラグーンに面したレストランやバーは、とりわけ南国らしく開放的で、居心地のいい場所だ。

ゆったりとした敷地にわかりやすく建物が配されたこのホテルは、ただリゾートとして滞在しているだけで、バワの伝えようとした空気感を感じることができる。

上の写真のレストランをラグーン側から見るとこんな感じ。ルヌガンガのザ・ハウスを思わせるドラマチックな大木も、バワ的な要素のひとつと言える。

バワのオリジナルの雰囲気がよく残る客室、バワスイート。誇らしげなプレートに期待感が高まる。

内装はリニューアルされているが、バスルームはこんな感じにすっきりとまとまっている。バワルームのバスルームは半屋外で開放的。また雰囲気が異なる。

Jetwing Lagoon

Pamunugama Road,
Thalahena, Negombo
Tel 031-2233777
www.jetwinghotels.com

バワスイートのベッドルーム。ヘッドボードの後ろ側にデスクがあるデザインは、バワルームの客室にも共通。近年のラグジュアリーホテルでは、よく見るスタイルだ。

バワスイートの外観。太い柱で支えた高床式の建物である。独特のフォルムは、給水塔によく似ている。

1階部分は、壁のないオープンなスペースのリビングになっている。
くつろぎの場所は風の通る屋外に設ける、というのもバワの好んだ発想だ。

外観、天井画、螺旋階段……バワ建築の原点を堪能

シナモン・ベントータ・ビーチ

［旧ベントータ・ビーチ・ホテル Bentota Beach Hotel］

Cinnamon Bentota Beach
［1967―1969］

スイミングプールから外観を見る。プールサイドの露出した岩場も
バワホテルではよく見るモチーフ。大きなプールは若いカップルや家族連れでいつも賑わう。

コロンボの南に位置するベントータは、かつて政府の肝いりで開発されたビーチリゾート。ベントータ川の河口に開けた砂州にホテルが点在する。バワの初期作品が集中するエリアでもある。

なかでも建築家としてのバワの方向性を決定づけた代表作が、ベントータ・ビーチ・ホテルだ。リノベーションにより高級志向のリゾートとして生まれ変わったが、ホテルが建てられた一九六〇年代末のノスタルジックな設えは、今なお健在。バワらしい要素がちりばめられていて、見応えがある。

まず到着するのは、石造りの砦のような車寄せ。洞窟を思わせる空間から階段でレセプションに上がる。

この瞬間が、ひとつのハイライト。階段の先に見えてくるのは、熱帯の光と、鮮やかな天井のバティック画。バワ建築に多くの作品を提供したエナ・デ・シルヴァの作品だ。

右手に昔ながらのフロントカウンター、そして左手の大きなガラス窓の先に中庭が広がる。バワの建築ではよく見かける熱帯の白い花、フランジパニ（プルメリア）の大木がゆったりと枝を伸ばす。東洋的な静謐

階段を上がると、上の写真にある中庭に面したレセプションに出る。
エナ・デ・シルヴァのバティック画に目を奪われる、感動的なホテルの第一印象である。

を感じさせる、何とも絵になる空間である。

ホテルは、中庭を二つのL字の建物が囲むようなかたちになっている。建てられた当時は、中庭とのガラスの仕切りがなく、吹き抜けだったそう。レセプションと同じフロアにあるレストランだけは、昔からエアコンの効く閉じた空間だった。

いつも賑やかな、ゲストに人気のラウンジバーには、バワ建築を彩るもう一人のアーティスト、ラキ・セナナヤケの作品、クジャクをかたどった彫刻が鎮座する。天井は、今はちょっと残念な感じの黄色い格子模様になっているが、その昔は、やはりバワとのコラボレートで知られるアーティスト、バーバラ・サンソーニのテキスタイルが使われたという。

だが、クジャクの下に続く螺旋階段はオリジナル。これもなかなか絵になる。

客室の内部は、すっかり改装されて昔の面影はないが、海に面したバルコニーは以前と変わらない。

バルコニーに出ると、岩山の造形を生かした庭とひと続きになったスイミングプールが見える。ホテルのスタッフによれば、ここの庭は、バワの兄、ベイビスのデザインによるものだとか。

1.ラキ・セナナヤケのクジャク像。下の階につながる螺旋階段から見上げてみた。
2.レストランと同じフロアにあるラウンジバー。現在はエアコンの効いた空間になっているが、以前は、ガラス窓がなく吹き抜けになっていた。
3.真ん中の池を囲むようにして建物が建つ、印象的な中庭。フランジパニの大木が重要なアイコンになっている。
4.車の場合、この車寄せに到着する。同じ1階にはショッピングアーケードがあり、プールにつながる。ここから45頁の階段を上がることになる。

Cinnamon Bentota Beach

Bentota
Tel 034-2275176
Fax 034-2275179
www.cinnamonhotels.com

そして、何と言っても圧巻なのは、プールサイドから見る外観だ。ベントータ・ビーチの側から敷地に入ってくる時、その印象を特に強くする。

屋根の瓦がなくなってしまった以外は、竣工当時の姿をとどめている。今も建物自体のフォルムは、古さを感じさせない。これこそが、バリ島でアジアンリゾートの建築に影響を与え、スリランカの国民的建築家たらしめた国会議事堂のプランに発展した、バワの原点なのだ。

1.客室のバルコニーから見るプールと兄ベイビス・バワがデザインしたという庭。左手の小道をまっすぐ進むとビーチに出る。
2.客室はこんな感じ。インテリアは改装されているが、左手の窓やバスルームの位置など、基本的な構造はあまり変わっていない。
3.バルコニーにある葉っぱの型押しのテーブルはオリジナル。ほかのバワ作品でもよく見ることのできるモチーフだ。
4.レストランのクジャクのブロンズ像の立つ螺旋階段を下りたところ。左側が行き止まりなのはなぜ？ ちょっと不思議なスペースである。

穴あき屋根、窓と坪庭の巧みなデザイン

ターラ・ベントータ

［旧セレンディブ・ホテル Serendib Hotel］

Thaala Bentota
［1967—1970］

アート作品を思わせる空間は、客室棟の廊下手前に並ぶ坪庭を横から見たもの。
手前の壁に丸い覗き穴を作ったアイデアが、この不思議な空間を生んだ。これぞバワ建築のマジックたるゆえん。

デラックスルームがある2階建ての客室棟。屋根に四角い穴のあいたところに2階客室の窓がある。
1階の客室は、坪庭のあるテラスが、左頁下の写真にあるプライベートスペースになっている。

ターラ・ベントータの前身、セレンディブ・ホテルは、ベントータ・ビーチ・ホテル開業の翌年、一九七〇年にその並びにオープンしたホテル。現在は、こちらのほうがグレードが高いが、当時は、ベントータ・ビーチが高級で、セレンディブは手頃な価格帯のホテルだった。

車寄せからエントランスへ入ると、まず左手に、鯉の泳ぐ池とフランジパニの木が印象的な中庭が目に入る。

その反対側、右手がレセプションになっている。そのまま進むとロビーエリアがあり、ビーチに面した芝生の庭へと続いている。

メインの建物は二階建てで、ビーチに面した部分が客室になっている。バワのオリジナルであり、最も特徴的なのが、この客室棟の外観だ。

赤茶色の瓦が敷かれた大きな屋根のところどころに、四角い窓のような穴があいている。これは、もともと二階客室のバルコニーからの眺望を確保するために思いついたアイデアだったらしい。

屋根の下は、一階客室のテラスになっていて、四角い穴の下は、坪庭のような感じで木が植えられている。その木が、屋根を

スタンダードルームの室内。バルコニーからバワオリジナルのスイミングプールが見える。
インテリアは変わったが、部屋の構造は昔のまま。こぢんまりして居心地のいい部屋は、女性の一人旅などにぴったり。

越えてにょきっと顔を出している。この空間を満喫したければ、「デラックスルーム」の一階を指定するといい。部屋自体は、改装され、バワのテイストは残っていないが、ゆったりくつろげる。

ビーチに向かって左手奥にもうひとつ、三階建ての客室棟がある。外観は地味な感じだが、客室は、インテリアは改装されているものの、部屋の造り自体にオリジナルの雰囲気が残っている。特にバルコニーは昔のまま。「スタンダードルーム」のカテゴリーになり、少し手狭だが、なかなか使

右頁の1階テラスを内側から見るとこんな感じ。この部屋をリクエストしたら、ここで日がな一日、ボーッとしていたい。夕陽を見るにもベストポイント。

1. 48〜49頁の場所を2階から見ると、丸がなくて四角の連続だった。この客室棟の2階に泊まって初めて気付いたポイントだ。
2. 48〜49頁の丸はこんな感じであいている。横にある絵は、セレンディブ・ホテル時代からあったものだという。
3. レセプションの脇にバワの写真が掲げてあった。檻のような不思議な空間は、かつて鶏小屋だったという話を聞いた。

Thaala Bentota

Bentota
Tel 034-4641464
www.brownshotels.com/thaalabentota

い勝手のいい部屋だ。

さらに、こちらの客室棟には、ホテルのアイコンともいえる不思議空間があるので、お見逃しなく。一階の中庭に面した、客室を結ぶ廊下手前の丸い窓である。

丸窓、四角窓、木、四角窓、木、四角窓、木、四角窓と一直線に続く。それは、単に坪庭が連続する空間なのだが、丸窓から覗くと、まるで芸術作品のよう。

白い廊下や階段も、一見シンプルながら、バワならではの巧みなデザインに引き込まれる。ちなみに二階客室の廊下から見ると、先ほどの空間は、長方形の連続となり、これもまた美しい。

二つあるプールのうち、三階建ての客室棟と平行に並んだ、ウッドデッキのあるほうがオリジナル。二階建ての穴あき屋根の客室棟の前にあるのは、新しく増設されたもの。さらにその横に建つガラス張りのレストランものちに加えられたものになる。でも、このレストランやプールサイドから見る穴あき屋根の客室棟もまた捨てがたいアングルだ。

ビーチで日がな一日ゴロゴロする休日を前提に造られたホテルでは、そうした時間を過ごすことで発見するものがある。

エントランスを入ってすぐ左手にある中庭。池を配した庭は、バワの得意とするモチーフ。
オリジナルの建築を今に伝える空間だ。池に泳ぐ鯉が風景に彩りを添える。

直線的な白い廊下にアールと直線が混在する階段。3階建ての客室棟で見つけたこの建築的な空間も
オリジナルがよく残る場所。ちなみに、48〜49頁の不思議空間は、この廊下の右側という位置関係になる。

アジアンリゾートの源流となったバリの別荘建築

◆バトゥジンバ［1972―1975］

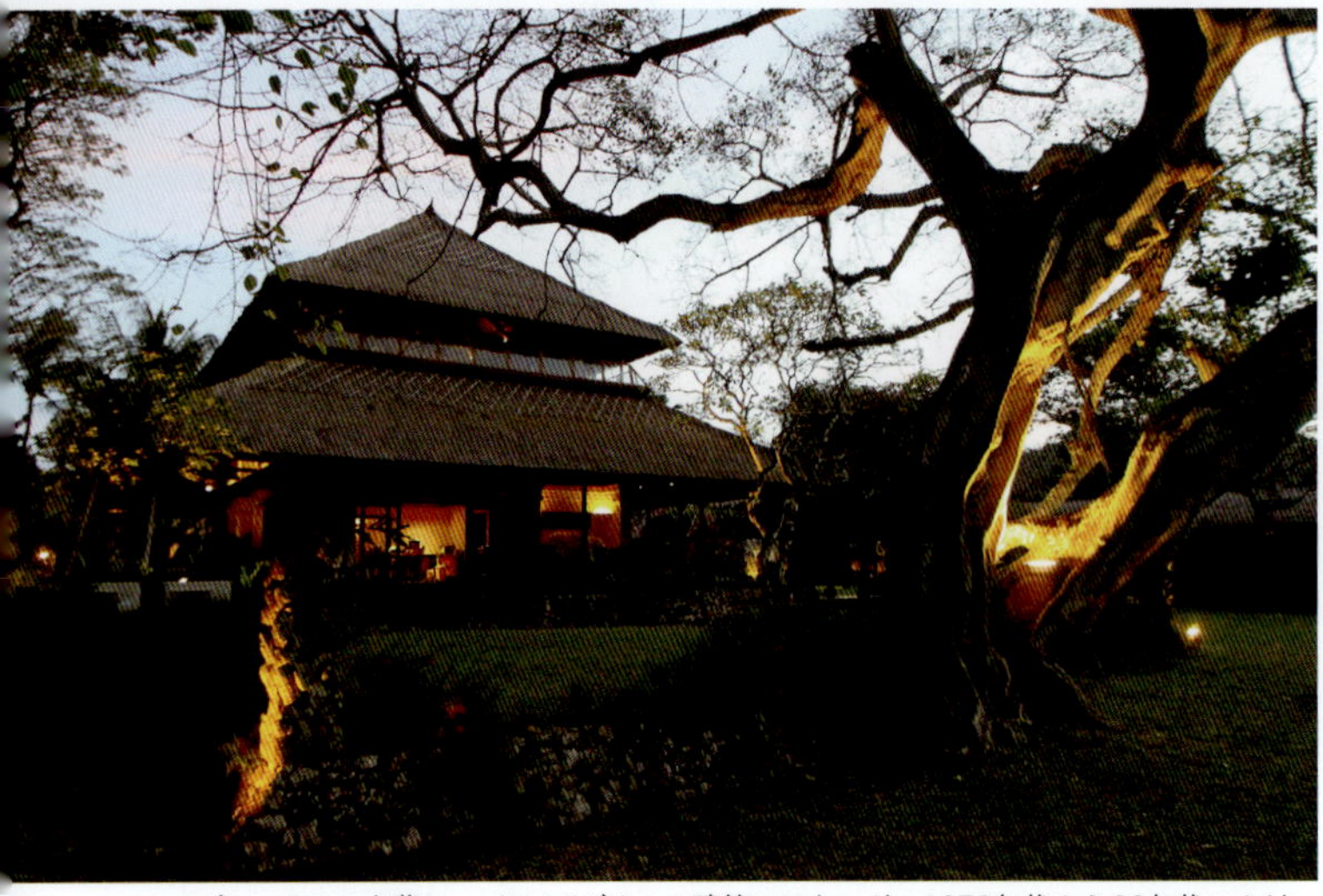

カジマハウスの夕暮れ。バワオリジナルの建築ではないが、1970年代から80年代にかけて、アジアンリゾートの原型ともいえるライフスタイルが生まれたバトゥジンバ独特の空気感を、よく伝える場所である。

ドナルド・フレンドの家。アマンリゾーツのエイドリアン・ゼッカは、タイのアマンプリで人々を驚かせたブラックプールをここで試作した。

バワの建築が、いわゆるアジアンリゾートの源流であるという伝説は、この場所から生まれた。アジアンリゾートの発祥地ともいえるインドネシア・バリ島のサヌールビーチにあるバトゥジンバである。

トロピカル・ブティックリゾートの先駆けとされるタンジュンサリを開業したウィヤ・ワォルントゥ、オーストラリア人アーティストのドナルド・フレンド、そしてクリス・カーライルという外交官のイギリス人。この三人によってバトゥジンバは計画された。

一九七三年に印刷されたパンフレットには初期の十五棟が掲載してある。

サヌールビーチに面して縦に並んだ細長い敷地が続く。設計図通りのレイアウトが残り、バワに詳しいデイビッド・ロブソン氏をして、バトゥジンバのオリジナルに近いとされるのがハウスCだ。

アジアンリゾートの代表格、アマンリゾーツの創業者、エイドリアン・ゼッカは、ドナルド・フレンドの家を別荘にした。このつながりから、アジアンリゾートのバワ伝説は、アマンの名前と共に広がった。

さらにバトゥジンバで最も大きな敷地は、日本人が所有していた時期もある。一九八四年に別荘として購入した鹿島建設の元社長、鹿島昭一氏の「カジマハウス」である。

バワとバリのつながりが伝説とされたのは、

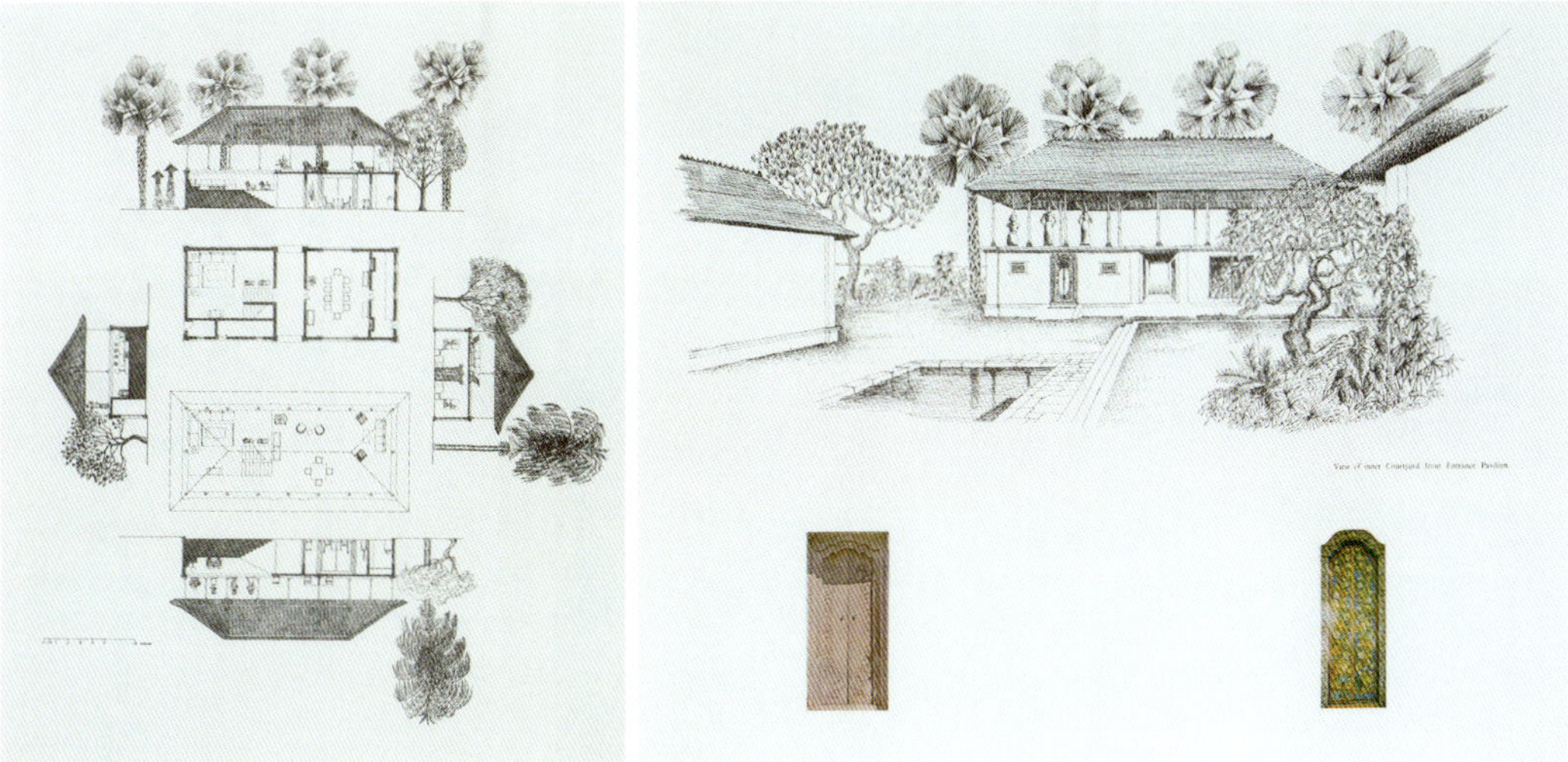

1973年に印刷されたバトゥジンバのパンフレットより。最もよく保存されたバワ建築とされるハウスCの図面と完成予想図。これで購入者を募集したのだろう。バトゥジンバのめざす美学のようなものが紙面にあふれている。

1. ハウスCのスイミングプール。右手奥はサヌールビーチで、散歩やジョギングにぴったりの小道がビーチに沿って続いている。
2. ハウスCの建物。池と周りに大きな中国の壺をあしらったところが、いかにもバワらしい。パンフレットに描かれたのは、正面奥の建物である。

バトゥジンバがリゾートホテルではなく、高級別荘地であり、限られた人しかアクセスできなかったからだろう。

実際、私が訪問したのも拙著『アマン伝説』の取材の際、それぞれの別荘の持ち主のゲストとしてだった。バトゥジンバの詳しい物語は同書をお読みいただきたい。

ちなみに、往時のバトゥジンバの雰囲気を誰もが追体験できるのは、タンジュンサリと、そして同じメンバーにより近くに計画された幻のリゾート、マタハリの敷地を継承するハイアット・バリだ。その現場を受け持ったのがビヨンド・バワの一人、ケリー・ヒルだった。

バトゥジンバ
Batujimbar Pavilions

Sanur Beach, Bali,
Indonesia

明るい光と潮風が似合う滞在型バワホテル

ヘリタンス・アーユルヴェーダ・マハ・ゲダラ

［旧ザ・ネプチューン・ホテル The Neptune Hotel］

Heritance Ayurveda Maha Gedara
［1973—1976］

その名の通り、スリランカやインドに古来から伝わる伝統医療、アーユルヴェーダの施術が受けられる滞在型リゾート。だが、前身は、一九七六年に開業したザ・ネプチューン・ホテルである。

ホテルの建つベルワラは、ベントータより少し北に位置する、同じくリゾートエリア。その昔、スリランカで最初にアラブ人が住み始めた港町だという。

ベントータ・ビーチのホテル群を手がけた後、バワは、インドネシア・バリ島に招聘され、バトゥジンバのプランを任される。ネプチューンの開業は、ほぼ同じタイミング。デイビッド・ロブソン氏は、無意識のうちにバワは、規模の大きなバトゥジンバをここに再現したのでは、と推測する。

丸っこいアールをきかせた造形は、バワ建築の階段や廊下でよく見られるもの。ビーチの正面に並ぶ客室棟のバルコニーは、その独特のフォルムが目を引く。

この建物に主なパブリックエリアの機能が収まっている。

エントランスから一階分、階段を上がったところにまずフロント、その奥がロビースペースになっている。白い壁には、ラキ・セナナヤケの樹木をモチーフにしたレ

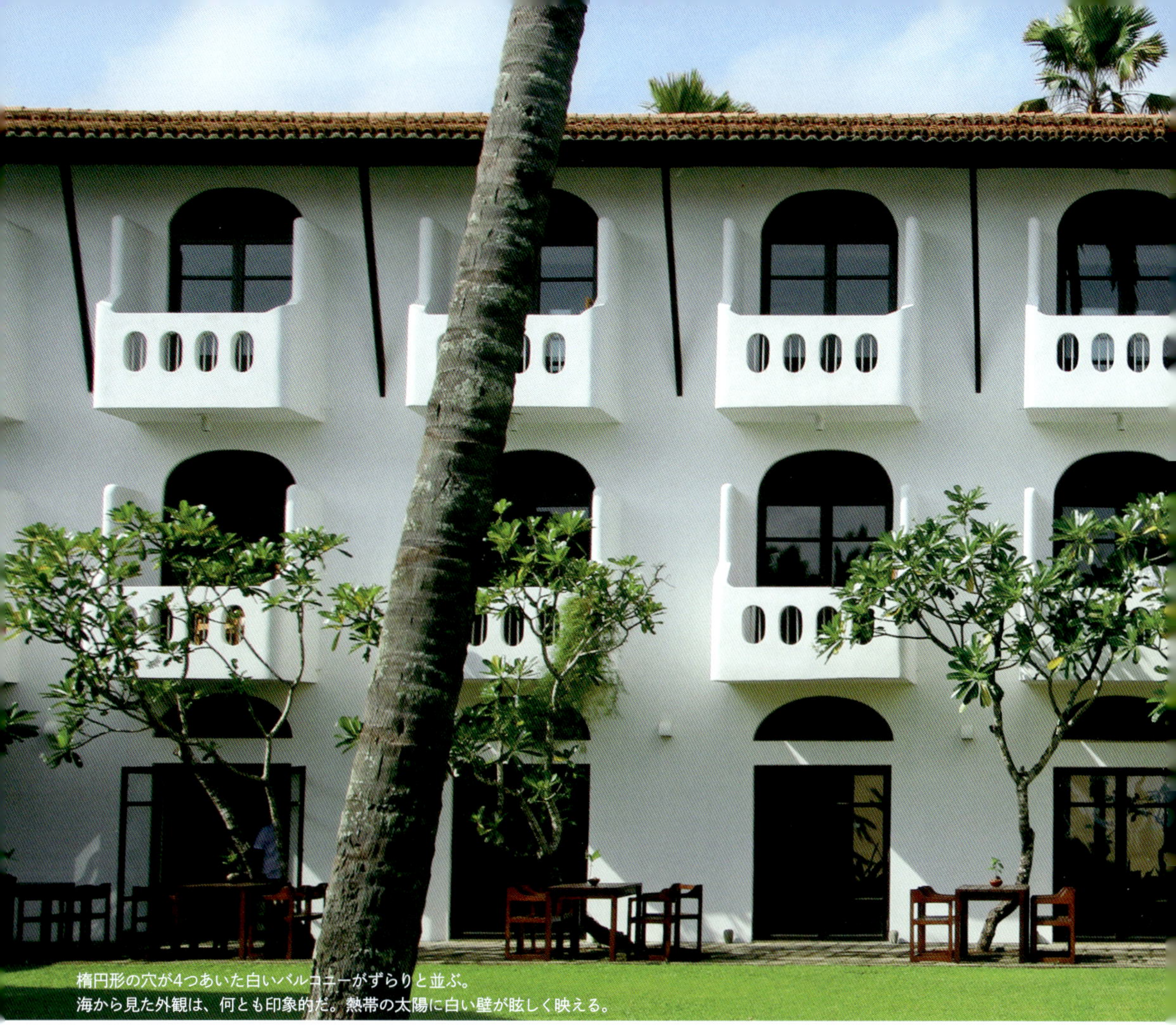

楕円形の穴が4つあいた白いバルコニーがずらりと並ぶ。
海から見た外観は、何とも印象的だ。熱帯の太陽に白い壁が眩しく映える。

リーフがあって、涼しげだ。

そこから、明るい光に誘われるようにして外に出ると、開放的なテラスになっている。ここは建物の二階部分で、テラスの下がレストランという位置関係になる。

レストランに行くには、いったんロビーに戻って、建物の中の階段を使うが、テラスから直接の動線として、客室バルコニーのデザインコンセプトを踏襲した、何ともかわいらしい螺旋階段がある。

レストランは、潮風が吹き抜ける開放的な造り。上がテラスなので、屋根はしっかりあるが、フランジパニの植えられた中庭があり、その先にスイミングプールが見える配置は、いかにも南国風である。

客室内部などは改装されているが、建物の外観や構造など、基本的な部分はオリジナルがよく残されている。その割に知られていないのは、冒頭で紹介したように、アーユルヴェーダを目的としたヘルスリゾートだからだろう。

主な客層は、ヨーロッパ人、それも圧倒的にドイツ人が多い。ライブラリーを覗いてみたら、九割がドイツ語の本だった。

だが、驚かされたのは、残りの一割が、英語と、そして日本語の本で占められてい

1.ラキ・セナナヤケのレリーフが印象的なロビーエリア。奥に見えるドアの装飾も美しい。いつも長期滞在の人たちが、新聞などを読んでくつろいでいる。
2.庭に面した左右のウイングの客室には、アーチ型の白い枠に縁取られたバルコニーがある。
3.簡素ながら居心地のいい客室。アーユルヴェーダの施術に行く時は、ベッドの上に置かれたオレンジ色のガウンを着る。

たこと。支配人は日本人に好意的で、本来、長期滞在が基本のリゾートなのだが、休暇の短い日本人客の都合にも臨機応変に対応してくれる。

アーユルヴェーダでは「シロダーラ」と呼ぶ、額にオイルを垂らすトリートメントがある。その施術をここで受ける場合、数日、洗髪をしないで白い布をターバンのように頭に巻いたままで過ごすのだとか。白いターバン姿の人たちが館内を行き交う、ちょっと不思議なバワホテルである。

1.2階テラスからスイミングプールと海を見下ろす。こんなところで長く過ごしていたら、ストレスなんて忘れてしまいそう。
2.56〜57頁のバルコニーとお揃いのデザインの螺旋階段を下りるとレストランがある。食事は身体に優しいアーユルヴェティックフードだ。
3.朝はプールサイドでのヨガから始まる。頭に白いターバンを巻いた人は、シロダーラの施術中。ちょっと不思議な風景だ。

Heritance Ayurveda Maha Gedara

Beruwala
Tel 034-5555000
Fax 034-5555050
www.heritancehotels.com

ヘリタンス・アフンガラ

バワが生みの親、世界初のインフィニティプールへ

［旧トライトン・ホテル Triton Hotel］

Heritance Ahungalla
［1979—1981］

バワの名前が広く世界に知られるきっかけとなったインフィニティプール。その第1号がここである。
休日の昼下がり、そんなことを知るよしもない子供たちの歓声が、伝説のプールに響いていた。

エントランスの脇、プールに向かって右側の壁にあるラキ・セナナヤケのレリーフ。
到着した客、出発する客、スタッフなどが慌ただしく行き交う一隅だが、朝のひととき、静寂が訪れていた。

インフィニティプールは、今やシンガポールの高層カジノホテルから、日本の旅館の露天風呂まで、世界の至るところで見ることができる。エッジが水平線のように切ってあり、海などの借景と水面が一体化して見えるプールのことだ。ホライズンプールとも呼ばれる。バワが発案したもので、アジアンリゾートの枠を超えて、最も有名になったのがこれだろう。

そのオリジナルが、ここへリタンス・アフンガラにある。一九八一年開業のトライトン・ホテルがその前身だ。

最近、ようやくインフィニティプールの発案者がバワであることが知られてきたが、長年、バリ島・ウブドにあるアマンダリのプールから始まったと都市伝説的に語られてきた。だが、その開業の八年前にこのプールは存在していた。

客室やレストランは改装されたが、ロビーから海の一部のように見える伝説のスイミングプールは当時のままだ。まずは何はともあれ、水着に着替えて繰り出そう。

プールサイドに立って見ると、水のエッジの先に砂浜が見え、さらにその先に海が続く。だが、実際にプールに入り、水面からの視線になると、砂浜の黄色い帯が消え、

正式名称は「レジデンツ・プール」だが、水面に大きく緑がせり出した印象から、通称「グリーンプール」と呼ばれる。
メインのインフィニティプールが海のイメージならば、こちらは川のイメージ。視線の位置が変わると、印象もがらりと変わる不思議なプールだ。

プールの水面と海が重なる。

プールそれ自体も海のように大きい。顔を上げて平泳ぎでゆったりと泳ぎながら、世界初のインフィニティプールを実感する。

ここには、実はもうひとつ、「グリーンプール」と呼ばれるプールもある。

インフィニティプールから海に向かって右手奥。水の上に覆い被さるように茂った緑が印象的なプールだ。遠目から見ると地味な感じだが、ここも水の中に入り、水面から眺めると、ドラマチックに印象が変わる。マングローブの茂る川をカヌーで進むような感じになるのだ。

そもそもは、ただ泳ぐための施設であったスイミングプール。それが、建築の一部として、リゾートの仕掛けとして、発展した、その原点がここにあったのだ。

このほか、オリジナルの雰囲気がよく残っているのは、エントランスからロビー周り。白い柱が印象的なエントランスホールは、光の加減で表情が刻々と変わる。斜めに光が差し込む朝は、壁に刻まれたラキ・セナナヤケのレリーフがひときわ美しく見える時間帯だ。

客室は改装されているが、廊下や中庭は、バワが手がけた当時のままに近い。エント

2

1

3

4

1. 旧トライトン・ホテルのためにバワが設計したエレベーター。工事中は資材の運搬にも使われていた。今はホテルの装飾の一部として、ロビーの壁に残されている。
2. バワのオリジナルと今も変わらないたたずまいのエントランス周り。玄関前の池が配された庭に光、風、雨と熱帯の気まぐれな気候が交錯し、そのたびに表情が変わる。
3. ロビーからプールに向かって左側、客室に上がっていく階段の白い壁に描かれたラキ・セナナヤケのスケッチ画。ここもバワのオリジナルが残る貴重な空間だ。
4. 客室は改装されたが、ベッドの両側にあるライトは昔のまま。デスクライトにも同じ型のものが使われている。

Heritance Ahungalla

Galle Road, Ahungalla
Tel 091-5555000
Fax 091-5555050
www.heritancehotels.com

ランスから海に向かって右手、一階の廊下を進むと、目を引くポイントがいくつか。光が差し込むと、はっとするほど絵になる瞬間がある。廊下を通るたびに気をつけて見ていてほしい。

　レストランも改装されて、バワのオリジナルと言えるものは、ごく限定的。だが、ここから見るインフィニティプールの眺めは素晴らしいので、食事の時には、窓際のテーブルをリクエストしたい。ライトアップされた夜のプールは何とも幻想的で、忘れがたいものがある。

廊下の脇に設けられた細長い坪庭は、バワの建築でしばしば見られる特徴的なデザイン。
天井が吹き抜けになっているので、光によって表情が刻々と変化する。ロビーからプールに向かって右側の客室棟に位置する。

ザ・ブルー・ウォーター

水辺と椰子の木の織りなす美しきコントラスト

The Blue Water
［1996—1998］

椰子の木が林立する庭に金色の光が射し込む午後、トロピカルリゾートのけだるい時間が流れる。
バワデザインの椅子は、彼がこだわった場所に置いてある。熱帯建築家の企みを体感する至福の時間だ。

コロンボからベントータに向かう中間地点あたり、ワドゥワのビーチ沿いに建つ。ホテルとしては、バワ最後の作品である。

ザ・ブルー・ウォーターを印象づけるのは、何はともあれ、椰子の木だ。南国のリゾートでは定番だし、ほかのバワホテルにも当然、椰子の木はある。だが、ここほど、建築全体の与える印象において、点在する椰子の木が、小道具として欠かせないところはないだろう。

実際、バワの設計図面にも、椰子の木の位置がひとつひとつ、点描のように記してある。それぞれの木が、その場所にあることが、建築家にとって、重要な意味を持ったということ。ほかの建物でも彼は、しばしば、設計図に樹木の位置を書き込んだが、それにしてもブルー・ウォーターでは、椰子の木の存在感が大きい。ちなみに、この場所には、もともとココナッツのプランテーションがあったという。

開放的な造りが多いバワホテルには珍しく、エントランスに重厚なドアが設けてある。これを開けて入ると、バワの世界が広がるという趣向だ。

長い廊下の先にあるのが、建物の正面が面している海という位置関係。だが、ブル

レストランからの風景。池に映るのは、逆さ富士ならぬ逆さ椰子。すべての椰子の木は計算されて、その場所にある。

庭のスイミングプールから、ブルー・ウォーターのアイコンである椰子の木越しに外観を見る。この位置からの風景は、夕暮れ時もまた美しい。

ー・ウォーターでは、海そのものの風景は、視界にあまり入ってこない。

建築とからむ水辺は、海というより、むしろビーチ沿いの敷地に広がるスイミングプールであり、レストランの前に設けられた池である。これらの水辺と椰子の木が織りなすコントラスト。それがブルー・ウォーターの美しさの真骨頂だ。

そして、もう一ヶ所、椰子の木とのコラボレーションが印象的なポイントがある。

レセプション前のロビーと客室前の回廊が四角く取り囲む中庭の、芝生に点在する椰子の木だ。朝の光がキラキラ差し込むと、神々しい美しさを見せる。私自身、初めて宿泊したバワホテルがここだったのだが、夜遅くチェックインして、翌朝、この風景を見た時の感動は、今も忘れられない。

バワは、椅子などの家具備品も自らデザインした。特に椅子は、そこから見える景色にこだわって配置した。バワの椅子が大きくて重いのは、簡単に場所を移動できないように、という意味があるのだそうだ。

ここには、ライトハウスやカンダラマのような特定のお気に入りスポットはないが、大きくて動かせそうもない椅子があちこちに配置してある。ぜひ座ってみて、椅子を介したバワの企みを体感してほしい。

客室にも一部、オリジナルのインテリアが残されている。宿泊するなら、料金がリーズナブルでコンパクトな「デラックス」がおすすめ。グレードが上の部屋はバワの弟子によって改装や増築されたものだからだ。

気の利いたデザインの家具調度で、こぢんまりと使い勝手よくまとまった部屋は、客船のキャビンを思わせる。昼間はビーチで過ごすバカンスのスタイルを前提にしたからこその部屋とも言える。

バワ建築にはめずらしい、重厚なドアを押し開いて中へ。

The Blue Water

Thalpitiya, Wadduwa
Tel 038-2235067
Fax 038-2295708
www.bluewatersrilanka.com

客室の並ぶ回廊と中庭。手前の木はフランジパニだが、中ほどには椰子の木が並ぶ。
バワの廊下は美しい作品が多くあるが、最後のホテルとあって、最もスケール感があり、完成度も高いように思う。

1.コンパクトに冷蔵庫と食器を収納する家具。バワの家具というと椅子が有名だが、こうした収納家具もデザインしていた。
2.スーペリアデラックスタイプは改装されたが、デラックスタイプの客室はバスルームの改修を除きバワのオリジナル。
3.階段もバワ建築の面白さが凝縮しているところ。こうして上から見ると、まるで幾何学模様を見ているようだ。
4.フロントカウンターの後ろにあるのは、頭が7つある蛇の精霊、ナーガである。バワの原点であるルヌガンガにこれを試作した同じ絵画がある。

2

1

4

3

新築の設計だけじゃない。「改装」も大切な仕事

◆ヴィヴァンタ・バイ・タージ・コンネマラ［1971―1974］

◆アヴァニ・カルタラ・リゾート［1994―1996］

アート作品でも見るようだが、これがコンネマラのロビー脇にある階段。手すりがついた白い階段が、左右にわかれて上の階につながる。正面に見えるのが、古い寺院から運んだという彫刻に彩られた壁である。

コンネマラ、タワーブロックの客室。改装されているが、ところどころにバワのテイストが残っている。

ヴィヴァンタ・バイ・タージ・コンネマラ
Vivanta by Taj-Connemara

Binny Road, Chennai, India
Tel 044-66000000
www.vivantabytaj.com

バワが手がけたコンネマラの客室棟、タワーブロックの中央には、緑あふれる中庭が設けられていた。

年代もののバワホテルもオリジナルの部分を見極めるのが難しいが、複雑な歴史の一部にバワが関わったこれらのホテルは、元の建築にバワの改装部分、さらにその後の改装が混在する。だから、バワを発見するのはクイズ番組級にハードルが高い。でも、だからこその面白さがある。

まずは南インドのチェンナイにあるヴィヴァンタ・バイ・タージ・コンネマラ。マドラスと呼ばれていた時代、バワはこの都市に事務所を持ち、多くのプロジェクトを手がけた。そのひとつが十九世紀に建てられた邸宅を発祥とするクラシックホテル、コンネマラの改装だった。プロジェクトは一九七一年にスタートし、一九七四年に完成した。

バワが手がけたのは、まずスイミングプール。そして、新館にあたるタワーブロックで

レストランの外観。中はすっかり改装されたが、建物の躯体は、バワのオリジナルだとホテルで説明を受けた。

カルタラ・リゾートがシンバッド・ガーデン・ホテルの名前で改装された時、このエントランスはひとつの顔だった。いかにもバワらしいアプローチである。

アヴァニ・カルタラ・リゾート
AVANI Kalutara Resort

St.Sebastian's Road,
Katuturunda, Kalutara
Tel 034-4297700
Fax 034-2226530
www.avanihotels.com

水と木をあしらった中庭もバワによる改装部分。正面に見えるラウンジは、新たに屋根が載って、少し雰囲気が変わっている。

この廊下もバワが手がけたものだという。絵になる白い空間は、確かに彼のスタイルだ。

ある。圧巻は、エントランスを入って左手、ロビーの脇にある階段だ。古い寺院から持ってきたという浮彫りの木の彫刻が、コロニアルな印象の白い階段をアジア的なデザイン空間に変化させている。

そして、スリランカ南西海岸、コロンボ寄りの沿岸の町カルタラにあるアヴァニ・カルタラ・リゾートもまた複雑な歴史を持つ。

最初のホテルは、一九七〇年代からあったシンバッド・ホテル。これを一九九四年からシンバッド・ガーデン・ホテルとしてバワがリニューアルを試みた。ところが、一九九六年にコロンボで爆弾テロ事件があり、観光が衰退してしまったことから、七割の工事が終わっていたにもかかわらず、完成しなかったのだ。

バワの改修を引き継ぎ、その死後、ホテルはようやく開業した。二〇一二年から現在のアヴァニが運営している。

バワが手がけた部分は、まずエントランスの回廊。これは柱の色が違うだけでほぼオリジナル。さらに廊下の一部、中庭。スイミングプール奥にあるレストランの外観もそうだが、内部は再改装されている。

ザ・ヴィラ・ベントータ

別荘感覚のトロピカル・ブティックホテル

The Villa Bentota ［1978―］

［旧ザ・ヴィラ・モホティ The Villa Mohotti］

ラウンジエリア。改装後の備品が、バワ建築と絶妙のコラボレーションを醸し出す。

敷地はかなり広い。その境界線のあたりを線路が通り、線路から離れたところに
複数の建物が並ぶレイアウト。列車が通るといっても本数が非常に少ないので、うるさいと感じることはない。

植物のシルエットと光が建築の一部となる。これぞ熱帯建築というべき、バワならではの面白さだ。
客室に向かう廊下を歩いているだけでも、こんな美しい一瞬があるから侮れない。

バワを知る人には、旧ヴィラ・モホティと呼んだほうがわかりやすいだろう。モホティとは、植民地時代にこの地域を治めていたシンハラ人の名前。十九世紀に建てられたコロニアルスタイルの彼の家が、そもそもの始まりだった。

　現在は、世界遺産で知られるゴールで人気のお洒落な小物やインテリア用品を扱うK.K.コレクションのオーナーが所有し、運営している。

　案内してくれたスタッフの話によれば、バワが改装した後、なんと彼自身が、ブティックホテルとして運営していた時期があるという。当時の名前は「モホティ・ワラワッ（Mohotti Walawwa）」。ワラワッとは、英国のマナーハウスのような意味だとか。

　トロピカル・ブティックホテル、すなわち熱帯の小規模で個性的なホテルというと、一九六二年にバトゥジンバ（54〜55頁）のオーナーであるウィヤ・ワォルントゥがバリ島のサヌールビーチに開業した「タンジュンサリ」が最初とされる。同じライフスタイルや美意識を共有する人々が、別荘のような感覚で集うリゾート。ここは、言わばスリランカで最初のトロピカル・ブティックホテルだったのだ。

　一九七〇年代、バリに招かれ、おそらくタンジュンサリに滞在して、バトゥジンバの建設に携わったバワは、自分の国にもそのようなホテルを計画したいと思ったのかもしれない。

　七〇年代後半以降、国会議事堂など、大きなプロジェクトの案件が次々に舞い込み、国民的建築家として活躍する一方で、こうした小規模なプロジェクトに関わるのが好きだったという。十九世紀に建てられた優雅な邸宅「モホティ・ワラワッ」はバワの心をどうにも掴んで離さなかった。何人かの友人にこれを買うように勧めたが、誰も首を縦にふらなかったので、ついに自分自身で購入したものらしい。

いくつかある客室棟のそれぞれに、異なる雰囲気の共有リビングルームがある。風に吹かれながら、のんびり過ごしたい。

　いくつかの建物に、全部で十五室、個性的な客室が点在している。

　シングルルームから広いテラスのついたファミリータイプまで、さまざまな種類がある。ひとつとして、同じ部屋がないのは、こうしたヴィラホテルならではの面白さだ。メインの建物には、今もモホティの家だった時代のコロニアルスタイルの面影が感じられる。

　だが、全体にスタイリッシュで、パキーンとした印象があるのは、最新ファッションも扱うK.K.コレクションのオーナーならではのセンスの良さが生かされているからだと思う。

　もともとは、隣接するクラブ・ヴィラとあわせてひとつの敷地だった。お隣も同じなのだが、驚きなのは、敷地の横を線路が通っていることだ。

　時々、汽笛の音が聞こえてガタンゴトンと列車が通って行く。波の音もいいが、汽笛が聞こえるリゾートもまた一興である。

庭に面したロケーションのスイートには、広いベランダがついている。
バワが座っていたような大きな椅子が印象的。
古びた床のタイルが、この場所が歩んできた年月の重みを感じさせる。

The Villa Bentota

138/18-138/22 Galle Road, Bentota
Tel 034-2275311
Fax 034-4946796
www.kkcollection.com

1. スイートのベッドルーム。ベッドカバーがお洒落。
2. 中庭にあるこぢんまりしたプール。奥の建物がモホティが所有していたオリジナルのコロニアルハウスである。
3. 客室棟に設けられたリビングスペースのひとつ。
4. 併設されているカフェも雰囲気が良い。評判の高い食事やスイーツが楽しめる。

2

1

4

3

クラブ・ヴィラ・ベントータ

開放的なスペースとこぢんまりとした部屋

Club Villa Bentota
［1978―1981］

赤茶色の瓦屋根と白い壁は、バワの熱帯建築の典型的な特徴。
フランジパニの木が、建築の一部となって、建物の外観にリズムを添える。海ならぬ、建物を見ながらのんびり過ごすのも一興である。

お隣のザ・ヴィラ・ベントータと、以前は同じ敷地にあったクラブ・ヴィラ。確かに、ロケーションのみならず、建物の造りもよく似ている。一見、双子のヴィラなのだが、内装の雰囲気は異なる。

スタイリッシュなデザインでシャキッと端正に仕上がったザ・ヴィラに比べて、クラブ・ヴィラは、もう少し緩い感じ。エッジのきいたデザインの方向性がないぶん、オリジナルのバワのテイストは、こちらのほうがよく残っている。二〇一八年には隈研吾氏の改装も加わっている。

フロントを入って目を引くのは、白い壁一面に描かれたラキ・セナナヤケのスケッチ画。ヘリタンス・アフンガラ（旧トライトン・ホテル）にあるものとよく似ている。

緑のあしらわれた坪庭が平行に続く廊下も、いかにもバワらしい。これもひとまわりスケールの大きなものが、同じくアフンガラにある。

デイビッド・ロブソン氏による『Geoffrey Bawa: The Complete Works』の年譜によれば、「クラブ・ヴィラ・ホテル」は、一九七八年から八一年の建設とある。旧トライトン・ホテルの建設もほぼ同じ時期。よく似たディテールがあるのも当然だろう。

廊下と平行して続く細長い緑の坪庭。これもバワの建築では、あちこちで見られるもの。
クラブ・ヴィラのそれは、こぢんまりとかわいらしく、柱のデザインがコロニアル風だ。

庭のスイミングプール。シンプルなデザインだが、プールサイドの緑がトロピカルリゾートらしい表情を醸し出す。ライトアップされる夜もまた、美しい。

1.天蓋付きベッドがロマンチックな客室。白い壁の色を生かしたインテリアになっている。
2.スイートルームのリビングルーム。ホテルというより、まさに別荘の雰囲気である。
3.バワが滞在していたと言われる14号室。この椅子に座って、赤ワインのグラスを傾けていたのだろうか。

客室数は、スイートを含め全部で十七室。大きさやデザインを含め、どれも異なるのはザ・ヴィラと同じく、ヴィラホテルならでは。バスルームにもバワのデザインが残っているものがあり、興味深い。

案内してくれたスタッフによれば、ここを改装中、バワが滞在していた客室があるという。それが十四号室だ。

決して広くはない、こぢんまりとした角部屋で、並びの部屋と共有のテラスが、部屋の前に続く。いかにも南国らしい、ゆったりとしたスペース。そこに椅子が二脚とテーブルが置いてある。

「ここでバワはどんなふうに過ごしていたんでしょうね」

私が何気なく問いかけると、バワに直接、サービスしたスタッフがまだいると告げられた。

やがてあらわれた年配の男性は、得意げに答える。

「バワは、いつもこの椅子に座って、赤ワインを飲んでいたよ」

「赤ワイン？」

「そう、赤ワインだ」

念を押すように確認したのは、ルヌガンガでは、夕方になると、いつも庭の湖のよ

1.フロント前のスペース。ロビーというには、いささか簡素な空間だが、壁に描かれたラキ・セナナヤケの絵が目を引く。
2.エントランス脇の池がある中庭。熱帯植物と白い壁のコントラストがいかにも涼しげだ。
3.こぢんまりしたタイプの客室のバスルーム。渦巻き模様のレリーフがかわいい。
4.こちらはスイートのバスルーム。大きめの青いバスタブはジェットバスになっている。壁の飾りはルヌガンガを思わせる。

く見えるおきまりの場所に椅子を出して、アラックと呼ばれる椰子の蒸留酒を飲んでいたと聞いたからだ。

でも、ここでは、赤ワインなのだった。

後に聞いた話によると、バワは、過ごしている場所ごとに選ぶ飲み物が異なったのだとか。そういえば、コロンボのナンバー11ではジントニックだった。建築において、その場所の持つ意味をいつも深く考えていた彼は、自分の飲み物さえも、その場所にあわせて選んでいたのだ。

Club Villa Bentota

138/15 Galle Road, Bentota
Tel 034-2275312
Fax 034-4287129
www.clubvillabentota.com

熱帯植物の茂るイタリア庭園の魅惑

ブティック87ベントータ

[旧ナンバー87 Number 87]

Boutique 87 Bentota
[1978—1980]

アジアンリゾートの歴史を創った高級リゾートチェーン、アマンリゾーツとバワの関係は、しばしば伝説的に語られるが、直接、バワが建築を手がけたことはない。しかし、創業者のエイドリアン・ゼッカは、バワと面識はあり、バリ島のバトゥジンバで、ドナルド・フレンドの家を別荘にしていた時期もある。その家を改装した建築家が、後に最初のアマン、タイ・プーケットのアマンプリを設計した。それは、バワの建築が、アマンの創生に少なからず影響を与えたことを意味する。

そうしたつながりのあるエイドリアン・ゼッカに、「お気に入りのバワ作品」は何か、と聞いたことがある。

「それは、ナンバー87だよ」と即答された。それがここだ。

当時、「ナンバー87」と呼ばれていたのは、ベントータのゴールロード八七番地という住所に由来する。

ターラ・ベントータのちょうど道路を挟んで向かい側、「87」とだけ記された門の先の、鬱蒼とした緑の中に謎めいたヴィラが二軒建つ。

依頼主は、リディア・ドゥチーニというイタリア人の女性彫刻家とスリランカ人の

イタリアの庭を彷彿とさせる石造りの構造物と、いかにもアジアな女神像。
不思議なコラボレーションを鬱蒼とした深い緑が包み込む。庭の一角で出会ったこの風景は、バワが理想としたひとつの世界観なのだろう。

夫、ダラス・グネセーカラ。リディアはバワと一緒に仕事をした経験があった。

デイビッド・ロブソン氏の著書の年譜には、一九八〇年に完成した「リディア・グネセーカラの家」として記述がある。ちなみに一九八〇年というと、ちょうどエイドリアン・ゼッカがドナルド・フレンドの家を別荘にしていた時期にあたる。

二つの建物は、いずれも十八世紀前半のオランダ植民地時代に建てられたもの。それをバワが、現代的なテイストを加えてよみがえらせた。その後、こぢんまりとしたヴィラホテルとなり、何度かオーナーが替わって現在に至る。ゼッカが「お気に入り」と語った当時は、自身の息子が所有運営していた。

ヴィラ内部は、その時々のオーナーによって改装が重ねられているが、全体の雰囲気はあまり変わっていない。

というのも、ここの特徴は、建物というより、むしろ庭にあるからだ。

アジアのエキゾチシズムとヨーロッパ的な造形が渾然一体となっている。その雰囲気はどこかで見たような。同じベントータにあるバワの原点、ルヌガンガによく似ているのだ。

1.2つの建物が建つ敷地の奥に位置する水辺。人工的な池というより、より自然に近い小さな湖のような雰囲気がある。
2.大きめの建物の裏手に続く中庭。イタリア的な雰囲気漂う空間だ。中央の不思議議な像は、近年新しいオーナーが置いたもの。
3.左頁上の写真にある建物のベランダ。オランダ植民地時代の建物にバワが手を加えて端正な表情のヴィラに仕立てた。
4.同じく左頁上の建物の内部。独特な形の窓はバワの手によるものだろう。コロニアルとモダンがミックスされた空間だ。

Boutique 87 Bentota

87 Galle Road, Bentota
Tel 075-6322711
www.tropicalgardenvillas.com/boutique87

門を入ると、まず左手にひとつ、建物がある。正面奥の位置に緑に囲まれた池があり、もうひとつの建物は、池に向かって左手に建つ。こちらのほうが規模は大きく、裏手には、熱帯の植物に埋もれるようにイタリア風の庭が佇む。さらに敷地は、池の向こう側まで続いている。

スリランカ人と結婚したイタリア人の依頼主と、イタリアに憧れた若き日のバワが重なる。バワの背景にある世界観のようなものが垣間見られる場所である。

水辺を背にして敷地を見る。小さいほうのヴィラは、いかにもコロニアル建築らしい、かわいらしい外観。
ときおり芝生を鶏が駆け回り、コケコッコーと声を上げていた。

右頁2の中庭から建物を見るとこんな感じ。手前のレリーフはイタリア、苔むした壺はアジア、そして建物はオランダとアジアンモダンのミックス。何とも美しいバワ的な空間だ。

断崖の絶景地に建つ大パノラマの別荘

レッド・クリフス・ミリッサ

［旧ジャヤワルダナ一家の別荘 Pradeep Jayewardene House］

Red Cliffs Mirissa
［1997—1998］

大地と平行に延びた、フラットな大屋根が印象的な外観。左半分の半地下になっているところが居住スペースだ。
最小限の壁しかないモダンな家は、バワのほぼ最後の作品になる。

世界遺産とバワの代表作、ライトハウスのあるゴールからさらに南へ。美しい入り江の広がる町、ミリッサは、閑静なリゾート地。その断崖絶壁の上に建つのがレッド・クリフスだ。

レッド・クリフスとは、朝晩の光で崖が赤く染まることからつけられた。十九世紀、ここに滞在したドイツの生物学者、エルンスト・ヘッケルは、赤い断崖を描いた絵を残すとともに、自著にもその美しさを書き残している。

そうした伝説の景勝地に別荘の建設を依頼したのは、ジュニウス・リチャード・ジャヤワルダナの孫である。

スリランカの第二代大統領であるジャヤワルダナは、スリ・ジャヤワルダナプラ・コッテ、通称コッテに新たな首都をおき、国会議事堂を建設することを決断、その設計をバワに依頼した人物。彼が亡くなって以降もバワは一家と親しい関係にあった。

一九九七年末、バワが脳梗塞の発作をおこして倒れたその日、現場の監督に出かけていたのが、この場所だった。すなわち、バワが最後に現場で指揮をとった作品ということになる。

ところで、ジャヤワルダナ大統領は、私たち日本人にとっても忘れてはならない恩人である。

世界で初めてインフィニティプールを発想したリゾート建築の偉人が最後にたどり着いた、かわいらしい絶景プール。

開放的なリビングルーム。バワのデザインと思われる家具がゆったりと配置されている。

一九五一（昭和二十六）年のサンフランシスコ講和会議でのこと。会議にあたり、一部の戦勝国は、日本に対して厳しい賠償請求や制裁を用意していた。特に旧ソ連の案は、日本を四つに分割統治するというもの。もしこの案が採用されたなら、日本は朝鮮半島や冷戦下の旧ドイツのような分断国家になっていたかもしれなかった。

その危機を救ってくれたのが、英連邦自治領のセイロン、後のスリランカ代表として会議に参加していた、ジャヤワルダナ氏のスピーチだった。

アジアにおける日本の立場を冷静に分析し、仏陀の言葉を引用して、日本に自由を与えるべきだと説いたのである。

「憎しみは、憎むことによって消えることはない。ただ愛することによって消えるのだ」と。

そして、日本は国際社会に復帰した。

生涯、親日家であった彼は、亡くなる時、日本とスリランカをいつまでも見守っていられるよう、両目の角膜を両国の患者にひとつずつ移植するよう遺言したという。

その元大統領の孫がバワに依頼した別荘

1.バワにとっては庭も建築の一部。ちなみにこの場所から、対岸の絶壁の上には安藤忠雄設計の別荘が見える。静かな保養地であるミリッサは、著名人の別荘も数多い。
2.壁のないリビングルームは、この別荘のアイコンともいえるスペース。絶景のロケーションを生かすため、バワが行き着いた理想の形なのだろう。
3.半地下の居住スペースにあるシンプルなバスルーム。コンクリート打ちっ放しのミニマリズム的な空間である。

は、絶景の中に建つ、モダンなフォルムの建物である。平坦で大きな屋根の下は、半分が三六〇度のパノラマを楽しめる半屋外のリビングルームになっている。残り半分の半地下が居住スペースだ。

圧巻は、入り江の絶景に突き出すように設けられたインフィニティプール。小さいけれど、これほど眺めのいいプールは、バワの作品でもそうないだろう。

特別なロケーションの持つ意味を尊重して静かに佇む建物。日本人である私たちには、ひときわ感慨深い場所である。

Red Cliffs Mirissa

Red Cliffs, Galle Road, Mirissa
Tel 077-7305009
www.redcliffsmirissa.com

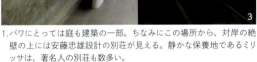

ナンバー11

バワの息づかいと美学を濃密に感じる家

Number 11
［1960］

居間の後ろの部分は、こんな落ち着いたスペースになっている。バワが集めたアート、蔵書などが生前のままに保存してあり、時が止まっているよう。今も部屋の主人がそこにいるような錯覚に陥る。

ジェフリー・バワは、平日はコロンボ市内のここ、バガタレ・ロード、33rd Lane（33番通り）、11番地の自宅兼事務所で過ごし、週末はベントータのルヌガンガで過ごした。「ナンバー11」の名称は番地に由来する。以前は「33rd Lane」と呼ばれていた。

コロンボが仕事の場で、ルヌガンガが休息の場であったというよりは、仕事も休息も混在した日常が、平日と週末、コロンボとルヌガンガ、それぞれパラレルに存在していたと考えるのが正しい。

ナンバー11は、元は四軒並びの家で、建築家になってまもない一九五九年に最初の一軒を借りた。その後、十年ほどの間に他の家も入手して、手を入れ現在のかたちになった。全体の雰囲気は、六〇年代から七〇年代のミッドセンチュリー。そこにバワならではのセンスで、さまざまなアンティークやアート作品、さらにホテルなどで使用した椅子やテーブルの試作品がちりばめられている。

そのため、バワホテルを訪問した後に行くほうが「あった、あった」「これ、これ」とトリビア的な楽しみ方ができる。若き日のバワや家族の写真なども飾ってあるので、彼の人生も予習していきたい。ルヌ

大阪万博のセイロン・パビリオン（104〜105頁）にあったラキ・セナナヤケの菩提樹の作品は、ミニチュアサイズになって2階のリビングルームに。

1. 都会の真ん中にある住宅だが、外光の入るこうした坪庭がいくつかあって、熱帯らしい雰囲気を演出している。
2. 2度目の留学で建築を学んでいた頃に購入した、人生で2台目のロールスロイス。奥にあるもう1台のクラシックカーはメルセデス・ベンツである。

ガンガよりもコンパクトなぶん（とはいえ、かなり広いのだが）、バワの息づかいが身近に感じられて、ドキッとする。

そんな空間に宿泊も可能というから驚く。二階に二つ、ゲスト用のベッドルームがあって滞在できる。ただし、予約は同一グループの貸し切りのみ。一般の見学も事前予約制なので、気をつけて。

住所を頼りに訪ねていくと、入り口には表示も何もなく、会員制の秘密クラブのよう。中に入ると、まずガレージがあって、クラシックカーが置いてある。

バワは人生で三台のロールスロイスを所有した。一台目は、最初のイギリス留学時に入手したもの。これは兄のベイビスに売却した。ここにあるのは二台目で、三台目はインドのマドラス（現在のチェンナイ）に事務所を開いた時、マハラジャから買ったもの。これは法的な問題でインドから持ち帰れなかったという。

そして、長い廊下で中へと誘われる。

突き当たりに円柱に囲まれた坪庭が見える。円柱は、マドラスと同じ州にあるチェッティナード地方の豪邸に使われる独特なもの。その左手前の美しい絵に彩られたドアは、ドナルド・フレンドの作品のレプリカだ。

そして、メインの居間へ。中央のエリアは、緑が美しい中庭に面して明るい感じ。後ろの部分は、密談が似合いそうな、少しミステリアスな空間だ。

ここでバワは、朝はまず新聞を読み、朝食をとり、そして夕方はごく親しい友人たちを招き入れることもあったという。ちなみにここで飲むお気に入りは、ジントニックだったとか。館内はバワのベッドルームだけが立ち入り禁止で、手前から覗くことしかできない。

Number 11

No.11, 33rd Lane,
Bagatelle Road, Colombo
Tel 011-4337335
www.geoffreybawa.com

1.ドナルド・フレンドの描いた扉の絵。これはレプリカで、本物はシドニーの美術館にある。右側に見えるのがチェッティナード様式の柱である。
2.宿泊可能なゲスト用のベッドルーム。ここで一夜を過ごしたら、バワが夢に出てくるかもしれない。
3.これもラキ・セナナヤケによるフクロウのオブジェ。エントランスから続く廊下の壁に飾ってある。
4.2階リビングルームで見つけた日本製品、アイワのオーディオ。昭和な感じのデザインは、1970年代頃のものだろうか。

1階のダイニングルーム。小さな庭に向かって開放的な空間になっている。宿泊すると、ここで朝食などが提供される。
バワに招待されたゲストになった気分。

居間の中央部分。中庭に面していて明るい雰囲気だ。バワが朝晩、くつろぎのひとときを過ごしたのがこの場所。
特徴的な椅子がいくつかあるが、これらはホテルを手がけた時の試作品だという。

ルヌガンガ

夢と憧れと人生がすべて詰まった理想郷

Lunuganga
［1948—1998］

ザ・ハウスと呼ばれるコロニアルスタイルの建物のテラスから湖を望む。
大きく枝を広げたフランジパニの木と、その間に見えるイタリアルネッサンス風の裸像が、ルヌガンガらしい独特の世界観をかたちづくる。

前頁で小さく見えていた裸像越しに湖を見る。一瞬、イタリアにいるような錯覚に陥るが、
刺すように降り注ぐ光と湿気を帯びたモンスーンの風はスリランカのもの。この不思議な感覚はルヌガンガならでは

バワがいつも朝食をとっていた場所からシナモンヒルを眺める。テーブルが小さいのは、客が同席するのを好まなかったからとか。
丘の名前の由来は、かつてここにシナモンが植えられていたことによる。

ロッジアと呼ばれる様式の建物の2階に位置するゲストルーム（通称ザ・グラスルーム）。
その名の通り、両側がガラス窓になった明るい部屋。ロッジアが細長い形状なので、部屋もウナギの寝床のよう。

前頁のテーブルを別の角度から見るとこんな感じ。右手に見えるのが、ザ・ハウス。
バワの作品はスリランカのコロニアル建築から大きな影響を受けているが、その原点ともなったものだ。

ザ・ハウスのエントランス部分。右頁下の写真に見える扉から中に入ったところだ。

若き日の夢と、建築家としての原点、そのすべてがあるルヌガンガ。設計の年代も一九四八年から九八年と、バワの建築家としてのキャリアがすべて収まってしまう。聖地巡礼の気持ちで訪れたいところだ。

南西海岸、ベントータ川の河口近くのデドゥワ湖の畔にルヌガンガは位置する。

十八世紀、熱帯雨林の中にシナモンのプランテーションが開発され、その後、ゴムの栽培に転用、丘の上には小さなコロニアルスタイルの家が建った。その場所をヨーロッパから帰国したバワが入手したのだ。

エントランスから鬱蒼とした緑に包まれた小道をゆくと、階段の先に円柱が立ち、片側がオープンエアになった東屋が見える。ルネサンス期のイタリアで生まれたロッジアという建築のスタイル。熱帯にふさわしい様式だからか、バワの作品にはよく見られるものだ。

その先に、ザ・ハウスと呼ばれるコロニアルスタイルの建物がある。ルヌガンガにおけるバワの生活の中心となった場所だ。

エントランスに近い南のテラスは、シナモンヒルと呼ばれる丘が目の前に見える。丘の上には、十六世紀、ポルトガルの東西貿易でもたらされた黒い大きな壺が象徴的

ザ・ハウスのテラスに面したリビングルーム。バワがいつも仕事の話をした場所。座る位置も決まっていたらしい。
右手に見えるのがダイニングテーブル。席は8つ。それ以上の人数は食事に招かなかったとか。

に鎮座する。ここはまた、バワが決まって朝食をとった定番の場所。ストリング・ホッパーというスリランカ料理の米の麵がお気に入りだった。

西のテラスに面して、緑がいっぱいの開放的なリビングルームがある。施主などと仕事の話をしたのは、もっぱらここ。昼食と夕食は、隣のダイニングテーブルで。昼はカレー、夜はローストチキンなどの洋食が多かったという。

夕暮れ時は、テラス前の庭の、湖のよく見える場所に椅子を出してアラック（椰子の蒸留酒）を飲む。夕食後は、コーヒーでおしゃべりを楽しんだ。

ルヌガンガは、ホテルとして宿泊も可能。宿泊可能なのは、メインハウスのバワの居室とスタジオだった二室のほか、ロッジアの上にあるザ・グラスルーム、カンダラマやライトハウスを建設した時に試作したザ・シナモン・ハウス、シナモンヒルの手前にあるザ・ゲイトハウス・スイート、ザ・ギャラリールームなど全六室だ。このほか近年、敷地内に移築されたバワの初期代表作、ナンバー5の三室も宿泊できる。

そのほかザ・ハウスの西側のテラスには、十九世紀の建物を改装したガーデンルーム

1.食事に出されたグラスが大きくてびっくり。大男だったバワは、手も大きかったからだと言われて納得する。
2.敷地の入り口部分に鎮座する、不気味な顔が彫り込まれた鉢。これも、バワ作品ではよく見られるおなじみのアイコンだ。
3.ザ・ゲイトハウスはスイートタイプの客室になっている。これはそのベッドルーム。
4.ザ・ゲイトハウスのリビングルーム。窓からはシナモンヒルの緑がよく見える。

やギャラリーなど、アート作品を展示している場所もあり、見逃せない。

だが、ルヌガンガの印象は、建物よりもむしろ庭。若き日に憧れたイタリアと留学先だった英国のカントリーハウスの要素も加わったバワの理想が、熱帯のむせかえるような自然の中に着地する。

バワは、この庭をよく散策していた。敷地内には古びた鐘があちこちにある。たとえば冷たい飲み物がほしい時など、これを鳴らして人を呼んだ。そんな時のお気に入りはライムジュース。熱帯の気候にぴったりの爽やかな味は、今もルヌガンガを訪れるゲストの喉を潤す。

Lunuganga

Lunuganga Estate
Dedduwa, Bentota
Tel 077-3638381 /
077-7252271
www.geoffreybawa.com/lunuganga

ザ・ハウスの奥に広がるのは、その名も「壺の草原」と名付けられた庭。
小さな池と手前に見える古井戸、そして、点在する大きな壺が緑の木漏れ日と独特の世界を織りなす。

複雑に組み合わされた構造の階段が、敷地の入り口からザ・ハウスまで続いている。
手前の円柱はロッジア様式の東屋のもの。ルヌガンガの第一歩はこんな風景から始まる。

シナモンヒルからザ・ハウスを見る。ルヌガンガの大部分を占めるのは庭で、
建物はその上に散らばる小さな点に過ぎない。だが、それこそがルヌガンガの本質なのだと思う。

東の端にあるブラックパビリオンからジャイアント・バンブーをつなぐ水辺沿いの散歩道。
日中、バワはこんなところを歩きながら思索にふけっていたのだろう。

シナモンヒルは、バワの眠る場所。墓標のように置かれた壺は、黒い上薬のかけられた中国・明代のものだ。ポルトガル人はこれにスパイスなどを詰めて交易に使った。この島国の歴史を象徴的に物語る。

一九七〇年、バワと日本の「こんにちは」

◆大阪万博セイロン・パビリオン［1969―1970］

熱帯建築家、ジェフリー・バワの唯一、熱帯でない土地に存在した作品が、実は日本にあった。一九七〇年、大阪万博のセイロン・パビリオンである。

万博会場を彩ったのは、岡本太郎の太陽の塔だけではない。会場の総合設計は丹下健三だったし、菊竹清訓のエキスポタワー、黒川紀章の東芝IHI館、空中テーマ館など、そうそうたる建築家が腕を競っていた。

その同じ舞台にジェフリー・バワの作品もあったのだ。日本では、まだバワの名前など知る人もいなかったから、当時のガイドブックにも建築家に関する記述はない。パビリオンについては、こう記されている。

「セイロンのテーマは『伝統と進歩』です。展示館は2階建で、外観がガラスでおおわれ、近代的なデザインを誇っています。館内にはいると、ガラリとムードが変わります。（中略）100個以上もある八角形のちょうちんが照らしている展示場で、巨大なブルーサファイアなどの宝石類がキラキラと輝いているながめは壮観です」

建物は、スティールの枠とガラスによって構成された二つの四角い形状からなり、その中央にラキ・セナナヤケによる、高さ十二メートルの巨大なブロンズ製の菩提樹がそびえていた。

「八角形のちょうちん」とは、釈迦の誕生日にあたるヴェサック祭りで使うもの。スリランカでは、紙製の提灯に火を点して空に上げる。館内には、エナ・デ・シルヴァがデザインしたセイロンの旗も吊されていた。ライトハウスのバーの天井画を彷彿とさせるものだ。

「伝統と進歩」とはいうものの、展示品のほとんどは「伝統」に属する仏教美術などで、「進歩」を象徴するのは、もっぱらバワの建築だった。彼は、万博の舞台で母国の進歩性と未来をその建築に込めたのである。そして、施工を担当した三井建設が約十年後、スリランカの国会議事堂の建設にあたることになる。

バワ作品の中では異色の存在。大阪万博の会場という、無機質なロケーションを彼なりに解釈した結果だったのか。
熱帯植物の茂る中庭の代わりに、ブロンズの菩提樹を置いた。

大阪万博セイロン・パビリオン
Ceylon Pavilion for World's Fair in Osaka

終了後、解体され、現在はなし

お寺が面白い！いつでもお参りできるバワ建築

◆シーマ・マラカヤ［1976―1978］

中央にある説法堂の内部。不信心なバワファンは、つい仏様よりも天井に目がいってしまう。

説法堂の周囲にもありがたい仏様の像が並ぶ。ここでもついバワファンは、軒の構造に目がいく。

木の柱と柱の間はオープンエアになっていて風が通り抜ける。この構造は国会議事堂の最上階と同じだ。

正面向かって右の小さなお堂。

コロンボ市内、行政やビジネスの中心部で、ホッと一息つけるオアシスのような存在なのかもしれない。

仏教が盛んな国スリランカにあって唯一、伝統的スタイルではないモダンな寺院が、バワの手がけたシーマ・マラカヤである。

コロンボの中心部、周囲にオフィスビルや高級ホテルが建ち並ぶベイラ湖の上に浮かぶようにして建つ。その外観は、やはり湖上に建つ国会議事堂（118頁）によく似ている。

一九七八年の完成というから、国会議事堂に取りかかる前年の作品。このイメージを大きくしたのが国会議事堂なのだろう。

プランがアシンメトリーなのも同じ。中央の大きな建物が説法堂になる。

ピラミッド型の屋根は、青い上薬を塗ったタイルが印象的だが、これは改装によって葺き替えられたもの。もとは陶器そのままの色だったという。

都会の真ん中にあるお寺。ここを詣でるのは、バワファンというより、寺院としてお参りにくる人が圧倒的。コロンボ市民の生活の中に息づく作品である。

シーマ・マラカヤ
Seema Malaka Temple

Beira Lake,
Colombo

熱帯建築家、バワの歩んだ道

山口由美

東西の血が混じり合う家族

熱帯建築家、ジェフリー・バワ。

そう呼ばれる理由は、彼の活躍した舞台が、「熱帯」であったからだ。バワ研究の第一人者、デイビッド・ロブソンは、正確に定義するなら、それは「モンスーンアジア」だと著書に書いている。

〈いまはモンスーンという言葉が、ほかの地理的に熱帯とされる地域でも使われるが、もともとはアラビア語で季節を意味するmausimからくるインド洋の言葉だった〉

(David Robson『Beyond Bawa: Modern Masterworks of Monsoon Asia』)

モンスーンとは、季節ごとにインド洋に吹く風のことである。風に乗って交易が行われ、風の向きが変わることで、それぞれの土地に乾季と雨季が巡る。温帯のような四季はないが、それが彼らの「季節」だった。

モンスーンアジアとは、バワの母国、スリランカのほか、南インド、ミャンマー、マレーシア、シンガポール、インドネシア、タイ、カンボジア、ラオス、ベトナムといった国々である。バワの建築が影響を与えた、いわゆるアジアンリゾートの舞台でもある。

熱帯建築は、モンスーンの風が吹く土地との関係性から生まれたのだ。

ジェフリー・バワの生まれたスリランカ、かつてのセイロンは、大航海時代から東西貿易の要衝だった島国である。十六世紀初めにはポルトガル、次いでオランダ、十八

右がジェフリー、左がベイビス。兄弟とは思えないほど、肌の色や顔の雰囲気が違う。10歳違いの兄弟は、この時はまるで背丈が違ったが、長じてジェフリーも大男となった。

バワの母、バーサのポートレート。母方の親戚は裕福で、早くに父を亡くした後も、バワは上流階級の優雅な生活の中で育った。

世紀末にはイギリスと植民地支配が変遷し、さらにアラブや中国の商人も行き交った。

バワの祖父は、アハマド・バワという、イスラムの法律代理人だった。ベルワラというアラブ人が最初に住み始めた港町の出身で、法廷弁護士になる勉強をするためロンドンに行った時、そこでフランスのユグノー教徒の家系であるジョージナ・アブレットという女性とめぐりあい、結婚した。その際、キリスト教に改宗したという。祖父母の出会いについては、バワの兄、ベイビスの自伝などでゴールで出会った説が伝えられているが、どれも作り話らしい。

アハマドとジョージナの長男がバワの父親、ベンジャミンである。彼が四十三歳の時に結婚した十一歳年下のバーサは、スコットランド人とスリランカ土着の民族であるシンハラ人を祖先に持つ。スリランカでは、こうしたヨーロッパ人と地元の人の血が混じった人々のことをバーガーと呼ぶが、典型的なその家系だった。

ベンジャミンとバーサは、やがて二人の息子に恵まれた。すなわち、一九〇九年生まれの長男ベイビスと、一九一九年生まれの次男ジェフリーである。

十歳違いの兄弟は、東洋と西洋が交錯した家族の歴史を物語るように、まるで異なる容貌を持っていた。ベイビスは、母方のシンハラと父方のアラブの血が色濃い褐色の肌とエキゾチックな面差し。一方のジェフリーは、ヨーロッパ系の血が強くあらわれた白い肌にブロンドの巻き毛。性格的にも社交的なベイビスと物静かなジェフリーは対照的だった。

だが、見上げるような大男だったこと、芸術的な才能に恵まれたこと、長じて同性愛者となったことは、兄弟の共通点だった。

父のベンジャミンは、祖父と同じ法曹の道に進み、弁護士となった。セイロン軽歩兵隊の中尉という植民地軍の要職にもついていた。だが、一九二三年、患っていた腎臓病の治療に赴いたイギリスで亡くなってしまう。その時、ジェフリーは四歳。それでも、バワ家の裕福な暮らしぶりが揺らぐことはなかった。母方のバーガーの一族、シュレイダー家が、プランテーション経営で大きな成功を収めていたからである。

ジェフリーは、子供時代のほとんどをコ

ヴィラ・フォスカリ。円柱が林立する神殿風のファサードは裏側にあたる。

ロンボの母方の親戚か、もしくはネゴンボ近くの家族の邸宅がある土地で過ごした。

植民地経済を背景にした豊かな暮らし。熱帯のゆったりとした時間が流れる中、アジアの文化と西欧のライフスタイルが融合する独特の世界。それこそが、ジェフリーの感性を育んだ環境だった。

そして、兄弟はそれぞれの道を歩む。

兄のベイビスは、十七歳で学業をドロップアウトすると、プランテーション経営の実務を学び、父と同じセイロン軽歩兵隊に一時入隊。その後、母方の親戚から「ブリーフ」という名前のゴムのプランテーションを相続し、一九二九年、オーナーとして移り住んだ。

その十年後、ジェフリーは英国・ケンブリッジ大学に合格、ヨーロッパに旅立った。専攻は法律。植民地エリートの子息として、父と同じ法律を学ぶことに何ら疑問は感じていなかった。

一九三九年の夏の終わり、入学前の休暇にイタリア旅行をしていた時、第二次世界大戦が勃発する。急遽、ロンドンに戻るため、スイス経由で乗ったフランスを横断する列車は、ナチスドイツに占領される直前の最終列車だったという。

ジェフリーのケンブリッジ留学は、まるまる第二次世界大戦と重なる。しかし、その学生生活に戦争の暗い影は感じられない。

大学入学のご褒美だったのか、ロールスロイス・ファントムを購入し、乗りまわした。大戦下のロンドンでの何とも豪快な放蕩。長身に黒いマントを羽織ってステッキを持った写真は、気品ある英国紳士そのものだ。郊外に広大な領地を持つ友人のカントリーハウスに招かれることも多かった。

イタリアへの憧憬

一九四五年、終戦まもない秋、再びジェフリーは友人とイタリア旅行に出かけた。友人の縁戚の結婚相手がイタリア貴族で、北イタリア、ガルダ湖の近くにあるヴィラ（別荘）に招待されたのである。

ヴィラは、湖の南東、コラ・ディ・ラツィーゼというところにあった。滞在している間、イタリア・ルネサンスに造詣の深い建築家の友人が、周辺の見どころを案内し

エントランスから続く並木道。この先にヴィラ・フォスカリはある。

ヴィラ・フォスカリのカントリーハウス風の正面がこちら。端正な庭が前に広がる。

てくれた。ガルダ湖は、ヴェローナに近く、ヴェネト州に接している。おのずと多く訪れたのが、ヴェネト州出身であるルネサンス建築の巨匠、パラーディオの作品群だった。

アンドレア・パラーディオは、十六世紀の北イタリアで活躍した建築家。初期の専業建築家であり、後年、何度となくリバイバルがあり、後世に最も大きな影響を与えた建築家といわれる。

ジェフリーの建築に対する興味が開かれていったきっかけは、この体験にあったのだ。若きジェフリーの幻影を追って、私はイタリアに行ってみることにした。

ベネチア郊外のブレンタ運河沿いにあるパラーディオの代表作のひとつ、ヴィラ・フォスカリでは、数日、滞在する幸運に恵まれたという。

私は、サンマルコ広場から出発するヴィラ巡りの運河クルーズに参加した。

ヴィラ・フォスカリは、まさに運河沿いに建っていた。正面の庭園側はカントリーハウス風の瀟洒な外観、反対側の運河に面したほうは、円柱が印象的な神殿風のファサードになっている。

館内の案内人に聞いてみると、一九二五年から七〇年までは、アルバート・ランズバーグというブラジル人富豪の息子が所有していたことがわかった。戦後は、母国に帰った彼の代わりにドロシーというアメリカ人の妻がヴィラを管理していたという。一時期、荒廃していたヴィラを修復したのは彼らで、ドロシーの死後、ヴィラはフォスカリ家の所有に戻り、現在に至る。一九四五年に訪れたジェフリーたちは、おそらくドロシーの個人的な客人として迎え入れられたのだろう。

一九四六年一月、母親の健康状態が悪化、兄のベイビスに呼び戻されるかたちでジェフリーは帰国する。同年四月に母バーサは亡くなった。彼女の長い療養生活とさらにジェフリーの長いヨーロッパ滞在は、バワ家の財政を圧迫していた。戦後の経済の悪化がさらに追い打ちをかけた。

だが、ジェフリーの心は、再び異国に飛んでいた。彼は自分の相続したコロンボの邸宅を売り払い、愛車のロールスロイスを兄に買い取ってもらうと、再び母国から逃げるように旅立ったのだった。

　極東からアメリカへ。サンフランシスコでビクター・チャピンという若い俳優に出会い、意気投合する。北米大陸を横断し、一九四七年末、二人が向かったのはイタリアだった。二年前の旅で滞在したのと同じガルダ湖郊外、コラ・ディ・ラツィーゼの近くにヴィラを借りて、夢のような数ヶ月を過ごす。

　一九四八年、ちょうどセイロンが独立した春のこと、ジェフリーはイタリアに落ち着く決心をする。コロンボにいる顧問弁護士に依頼して相続した残りの不動産を売却すれば、借りていたヴィラが買えると信じていた。

　だが、手続きは進まなかった。その理由をデイビッド・ロブソンは著書『Geoffrey Bawa: The Complete Works』で次のように推測する。

〈七月になって突然、彼はすべての計画を捨て去った。おそらく彼の資金が、戦前のヨーロッパでイメージしていたのと同じような額ではないこと、でも、セイロンでならば、彼の夢見た生活を送るのにまだ余裕があることに気づいたのだ。あるいは、自分はヨーロッパ人というより、アジア人だという結論に至ったのかもしれない〉

　そして、ジェフリーは帰国した。傷心の弟に兄のベイビスは、イタリアのヴィラの夢は捨てて、セイロンに自分の土地を買うように諭した。

　こうして、兄の住むブリーフに程近い、デドゥワという湖に面した土地を購入したのである。水辺の立地は、彼の愛したイタリアのヴィラに共通するものだった。

　その土地に「塩の川」を意味する「ルヌガンガ」と命名すると、彼は、そこにイタリアで果たせなかった理想郷を創り上げることに没頭する［92～103頁参照］。

　このルヌガンガが、後に別荘兼創作の拠点になるのだが、しかし、この時点で、彼はまだ建築家ではなかった。

建築家としてのスタート

　その背中を最後に押したのは、パリでアーティストとして成功していた従姉妹のジョーゼット・カミーユだった。一九四九年、

1. デドゥワ湖に面したルヌガンガの庭。市松模様にデザインされた芝生がユニーク。こうした手の加え方はいかにもヨーロッパ的だ。
2. ルヌガンガの敷地で最も湖に近い一帯は「ウォーターガーデン」と呼ばれ、とりわけ緑あふれるエリア。左手前に見えるのは「ジャイアント・バンブー」と呼ばれる竹林。
3. コロニアルスタイルの建物を改装したザ・ハウス。手前に大きく枝を張ったフランジパニの大木が熱帯の庭らしい表情を添える。

ヨーロッパからの最初のゲストとして、イタリアで俳優をしていたチャピンらを伴い、彼女はルヌガンガを訪れた。

その時、才気煥発な従姉妹は、見果てぬ夢を追いかけていたジェフリーに、ルヌガンガを理想郷にしたいのなら、彼自身が建築家になるのが早道だと助言したのである。

一九五二年、今度は建築を学ぶために彼は再び渡英。その後、AAスクール（英国建築協会付属建築学校）に入学した。

いくつもの回り道をして、ついに建築家になるスタート地点に立った。最後の試験に合格し、晴れて建築家として、英国王立建築家協会の一員となったのは一九五七年、ジェフリーは三十八歳になっていた。

もし戦争がなく、セイロンの植民地支配が続き、バワ家の没落がなかったなら、熱帯建築家は誕生していなかったことになる。

初期の作品は、住宅が多い。一九六〇年には、コロンボ市内に「33rd Lane」、後に「ナンバー11」と呼ばれる自邸兼事務所を建てている［88～91頁参照］。

ジェフリー・バワの代表作といえばホテル建築だが、最初にホテルのプロジェクト

1.1～3は初期の代表作であるベントータ・ビーチ・ホテル。オリジナルにあった屋根の瓦は、残念だが今は存在しない。

2.L字に近い2つの建物が組み合わされ、中央に池のある中庭を配するレイアウトになっている。外観はプール、中庭では池が、建築と水辺のコラボレーションを演出する。

3.建物の1階部分を占める石垣。こうして見ると遺跡のよう。ちなみに内部は、設計された1960年代を感じさせる造りのショッピングアーケードになっている。

を手がけたのは、一九六一年、政府が誘致しようとしたコロンボのヒルトンホテルの計画だ。最初の計画が頓挫した後、二度目、三度目と合計三回も計画が持ち上がり、どれもバワが設計を手がけたが、いずれも実現はしなかった。

最初に実現したホテルは、空港に近いネゴンボに建設されたブルー・ラグーン・ホテル（1965－1966）、現在のジェットウイング・ラグーンである［38～43頁参照］。セイロンで最初の観光客向けに計画されたリゾートホテルだった。

これを契機に政府は、観光促進の政策を打ち出した。観光客誘致のために開発されることになったのが、風光明媚な南西海岸のベントータ・ビーチだった。当時、この政策を進めていた観光大臣とホテル協会の会長がバワの古い友人だった縁で、政府肝いりのベントータ・ビーチ・ホテル（1967－1969）の設計が、彼に任されることになった［44～47頁参照］。

バワは、このホテルにおいて、ひとつの新しい試みをする。観光客にホテルを通して地元の文化を知ってもらうことだった。

バワとバリ島を結びつけるキーパーソンとなったドナルド・フレンド。オーストラリア人の建築家やアーティストは、アジアンリゾートの創生に大きな影響を与えている。

それが、オランダ人やポルトガル人が築いた城壁のイメージと、現地で昔から使われてきた素焼きの瓦の屋根だった。デザインの原型は、実現しなかったヒルトンホテルの計画のひとつにあった。それがベントータ・ビーチ・ホテルでかたちになったのである。

このほか、ベントータ・ビーチには、現在のターラ・ベントータであるセレンディブ・ホテル（1967－1970）［48～53頁参照］、現在のヘリタンス・アーユルヴェーダ・マハ・ゲダラであるザ・ネプチューン・ホテル（1973－1976）［56～59頁参照］などの代表作がある。

これらのプロジェクトと時を同じくして、バワは、おそらく唯一と言っていい、熱帯以外の場所での仕事に関わる。一九七〇年、大阪万博のセイロン・パビリオンである［104～105頁参照］。

アジアンリゾートへの色濃い影響

ところで、ジェフリー・バワと言えば、いわゆるアジアンリゾートの建築に大きな影響を与えたことで知られる。基本的にバワはスリランカの建築家であり、アジア全般で広く活躍した訳ではないのに、なぜなのか。その謎を解くのが、一九七〇年代のインドネシア・バリ島とのつながりである。

背景には、兄ベイビスの恋があった。

ジェフリーが帰国し、ルヌガンガを入手した頃、ベイビスにも転機が訪れる。彼のプランテーション、ブリーフは、庭園として有名になり、庭のデザインやランドスケープ・コンサルタントとしての仕事が増えてゆく。

そして一九四九年、ヨーロッパ旅行を思いたつ。ルヌガンガから帰国するカミーユたちと同行し、ベイビスはコロンボからイタリアに向かう客船に乗った。

この船で出会ったのが、オーストラリア人芸術家のドナルド・フレンドである。

日本ではほとんど知られていないが、オーストラリアでは絵画や彫刻の芸術家として、また『The Diaries of Donald Friend』という世界各地を旅した日記の作者として有名だ。その彼とベイビスが、一日会うなり、恋に落ちたのだ。言うまでもなく、二

バリ島、サヌールビーチにひっそりと佇む高級別荘地、バトゥジンバ。住民以外は敷地内に入れないが、サヌールには、その名前を冠したカフェ・バトゥジンバがあるので行ってみては。ワォルントゥの一族が経営している。

人は同性愛者だった。

ドナルド・フレンドは、帰国の途中、コロンボに立ち寄り、意中の相手と再会する。ベイビスは弟から買い取ったロールスロイスでドナルドを迎え、ブリーフに誘った。その後、熱烈な招待を受け入れて、再びベイビスの待つブリーフを訪れたのは一九五七年一月のこと。それから、六二年七月まで、二人の蜜月は五年余りも続いたのだった。芸術家としてのドナルド・フレンドは、この時期、最も充実した創作活動を行った。

ベイビスの理想郷、ブリーフは、現在、一般公開されていて、二人が過ごした家には、それらの作品が展示してある。今も人気が高いのは庭園だ。鬱蒼として暗く、ミステリアス。開放的で静かで穏やかなルヌガンガとは対照的なブリーフ。庭から兄弟の美意識の違いを想像するのも興味深い。

そして、その後、ドナルド・フレンドが次なる楽園として赴いたのがバリ島だった。一九六六年、インドネシアでは政治の混乱から虐殺の嵐が吹き荒れた、その直後のクリスマスイブのことである。

ドナルド・フレンドが滞在したのは、世界初のトロピカル・ブティックリゾートといわれる、サヌールビーチのタンジュンサリだった。創業者でオーナーのウィヤ・ワォルントゥは、オランダ人の母とインドネシアのスラウェシ出身の父のもとに生まれ、イギリスで教育を受け、芸術の才能と洗練された美意識を持ち合わせていた。東洋と西洋の血が混じり合った植民地アジアの上流階級という背景は、バワ兄弟にも通じるものがある。

ウィヤ・ワォルントゥとドナルド・フレンド、そして若きイギリス人外交官のクリス・カーライルの三人は、やがて意気投合して、タンジュンサリと隣接する敷地に高級別荘地を造る計画を立てる。それが、バトゥジンバだった［54〜55頁参照］。

ジェフリー・バワは、その建築家として招聘されたのである。ジェフリーとドナルド・フレンドのつながりは決して親密ではなかったが、当然ながら、兄を通じて早くから面識はあり、その才能は認め合っていた。

このバトゥジンバを介して、ジェフリー・バワの建築は、バリ島に紹介され、ア

1.1～7はベイビスのブリーフの庭園。イギリス人のガーデニングマニアの間では、スリランカで必ず行くべき庭として非常に有名だ。
2.何とも印象的な青いドア。何かと思うが、実は庭にあるトイレである。周囲の緑とあいまってアート作品のよう。
3.室内から庭を見る。ここでベイビスは、ドナルド・フレンドと、どんな愛の日々を過ごしていたのだろう。
4.2のトイレ、中に入るとこんな感じ。壁に不思議な装飾が施されていて、用を足すのも忘れて写真を撮ってしまう。
5.バワお得意の葉っぱのスタンプを見つけた。ブリーフはルヌガンガとはまた異なるが、共通する要素もある。
6.少年の裸像だろうか。鬱蒼とした緑に包まれ、苔むして佇む様は、何ともミステリアスでエロチックである。
7.ドナルド・フレンドの作品。彼は、ブリーフでベイビスと過ごした期間、最も充実した創作活動を行った。

スリランカの国会議事堂。湖に面した道路から全景を見る。ちなみに、日本スリランカ友好道路という名前の道だ。
日本人としては、ぜひ訪れたい場所である。

ジアンリゾートの建築に影響を与えたのだ。バリスタイルと称されることの多い、オレンジ色の瓦を使った屋根は、彼がベントータ・ビーチ・ホテルのアイデアを持ち込んだものとされる。

バトゥジンバには、ドナルド・フレンドの家もあったが、ここは後に、アジアンリゾートを代表するアマンリゾーツの創業者、エイドリアン・ゼッカが借り受け、改装して自らの別荘にした。アマンリゾーツにおけるバワの影響も、これで謎が解ける。

水とのコラボレーション

一九七八年、スリランカは大統領制に移行し、ジュニウス・リチャード・ジャヤワルダナが大統領に就任した。

ジャヤワルダナは、サンフランシスコ講和会議において、セイロン代表として参加、日本に対する戦後賠償請求権を放棄すると演説し、日本の国際社会復帰への後押しをしたことで知られる。彼によって計画されたのが、スリ・ジャヤワルダナプラ・コッテへの遷都だった。そして、コロンボから

正面から見た国会議事堂。以前に建てられたシーマ・マラカヤを大きくした感じだろうか。1階の回廊部分も壁はなく、開放的な雰囲気である。

少し離れた新しい首都、通称、コッテの町に国会議事堂が建設されることになった。

ジェフリー・バワに設計の打診があったのは、一九七九年のこと。こうして国会議事堂建設という、国家プロジェクトはスタートしたのである。大阪万博のパビリオン建設にあたった日本の三井建設が、施工を担当することになった。日本との関係が、大工事を裏で支えていた。

一九八二年に完成した国会議事堂は、周囲を湖に囲まれ、水の上に浮かんでいるように見える。水とのコラボレーションは、イタリアのヴィラに触発され、ルヌガンガにおいても踏襲されたバワの真骨頂である。

メインの建物の外観は、ベントータ・ビーチ・ホテルのもとになり、実現することのなかったヒルトンホテルのプランを発展させたものだという。どこか日本的にも感じられるが、バワの弟子であるチャンナ・ダスワッタ氏によれば、アジアのどの国の人が見ても身近に感じられるように設計したのだとか。

実際に訪れてみて、いかにも熱帯建築だと驚いたのは、国会議事堂でありながら、最上階を取り巻く回廊は、ガラスがはめ込まれておらず、吹き抜けだったことだ。その内部にきっちりと囲われるかたちで議場はある。

まず目に飛び込んでくるのは、バワとしばしば共作したラキ・セナナヤケによる、椰子の木をイメージしたシャンデリアだ。

さらに、見上げると、アルミニウムの四角いタイルを組み合わせた、華やかな印象の天井に圧倒される。なんとバワの母親が愛用していたシルバーのハンドバッグにヒントを得たものだという。

圧倒されるスケール。国会議事堂という建物らしく、いかにも整然とした印象だが、左右対称のデザインでないのが、またアジア的だ。正面向かって左側にある巨大な東屋のような建物は、国の要人の葬儀に使われる場所とのことだった。

国会議事堂のプロジェクトとほぼ並行して進められていたのが、トライトン・ホテル（1979－1981）、現在のヘリタンス・アフンガラである［60～65頁参照］。熱帯のリゾートホテルのみならず、いまや世界各地で採用されている、いわゆるインフ

ルヌガンガで見つけた不思議な形状の椅子。大男だったバワの椅子は、とかく大きなものが多い。晩年のバワは、ここに病身を横たえたのだろうか。

ィニティプールのオリジナルは、ここである。

ヘリタンス・カンダラマ（１９９１－１９９４）［24〜33頁参照］やジェットウイング・ライトハウス（１９９５－１９９７）［14〜23頁参照］といった代表作を手がけたのは、最晩年になってからだった。

精力的に仕事を続ける一方で、バワの健康状態は芳しくなかった。一九九四年頃から、少しずつ歩行が困難になってゆく。ルヌガンガには、大柄なバワが使ったのであろう、大きな赤い電動車椅子が残されている。もともとヘビースモーカーだったが、健康の悪化を懸念して、一九九七年にはタバコも止めた。

ホテルとしての最後の作品は、ザ・ブルー・ウォーター（１９９６－１９９８）［66〜69頁参照］。そして一九九七年十二月三〇日、最後に出かけた現場となったのが、現在、レッド・クリフスと呼ばれる、ジャヤワルダナ一家の別荘（１９９７－１９９８）だった［84〜87頁参照］。そして、その日の夜、最初の脳梗塞の発作に見舞われたのだった。

ジェフリー・バワが亡くなったのは二〇〇三年の五月である。その少し前、ラキ・セナナヤケと同じく、長年、バワの作品でそのテキスタイルが使われたバーバラ・サンソーニのショップ、ベアフット［34〜35頁参照］のカフェが開業したお祝いに出席したのが、公の場所に姿をあらわした最後となった。

歩行が困難になってからバワが愛用していた電動車椅子。庭など屋外の移動に便利なように作られた特注品。赤い色がかわいい。

ルヌガンガのギャラリーの一隅に飾られていたアート作品。扉を開ける人型は何の暗示なのだろう。

バワが私たちに伝えること

チャンナ・ダスワッタ
Channa Daswatte

熱帯の豊かな自然を取り入れた作品で多くの人を惹きつけるジェフリー・バワ。スリランカの若い建築家たちに与えた影響もはかり知れない。バワの思想を受け継ぐ「ビヨンド・バワ」の人々の中でも、バワの一番弟子であり、後継者として力を発揮し、世界で活躍する建築家、チャンナ・ダスワッタさんに、「バワから教えられたこと」をテーマに寄稿していただいた。

編集部：バワから教わった重要なこととは何ですか。

バワは、何かを教えるために考えを述べることはありませんでした。しかしながら、彼が彼の作品に取り組んだやり方を見れば、私たちは、いかに建築を造るべきか、いくつかの重要な考えを学ぶことができます。

1．それぞれのプロジェクトは、機能や敷地や気候における固有の問題を解決するための新しい考え方や思考で、新たに取り組む、新しいものとして、理解されました。

2．建築とは、ある固有の文脈において、利用可能な材料と技術から作り上げるべきものという信念がありました。

3．建築とは、空間を造ることとして、またある種の機能のために見込んでおく空間と生じた出来事との間をつなぐこととして、理解されました。それは、舞台の中央に出て多くの注意を引くものではなく、後ろへ退き、営まれている生活への背景幕となるものなのです。

4．建築とは、外側から見られるものとして理解されることは決してなく、内側からの経験として理解されました。バワの建物で単にモノとしてデザインされたものはほとんどありません。

5. 空間が相互に関係し合うという考え方は、また、いかにして空間が文脈や外部と関係し合うかという興味を導き、そして、多くの場合、バワの建物は内側と外側の人工的な仕切りを破壊します。

編集部：バワの後継者として、あるいは「ビヨンド・バワ」と呼ばれる建築家として、大切なことは何ですか。

実際、スリランカの多くの若い世代の建築家は、意識するにしろ無意識にしろ、バワが行ったことの影響を受けています。スリランカの家において、外側と内側の障壁を壊し、コロニアルスタイルの家を自由な形式の現代的なスリランカの家に再構築することは、バワの仕事から刺激を受けた誰にとっても取り入れる必要がある基本的な考えです。

バワは、彼が得た教育によって影響を受けたモダニズムの考えを、地元の土着的なものを使い、現代的な建築を創造することに用いました。これらの考えを理解し、そして、それぞれのプロジェクトを特別な新しい必要性のある新たなものとして見て、それらを創造的な方法で用いることこそ、バワの後継者が気づいていなければいけないことです。

編集部：チャンナさんの記憶の中にあるバワの人となりを教えてください。

ジェフリー・バワは、いつも礼儀正しく、温厚な人柄で、一緒に仕事をすることが楽しかったです。怒りが抑えられないようなことはほとんどなく、何をしたいかが明確でした。見解の不一致があった時でさえ、それは、いつも丁寧に解決されました。彼は、いつも彼が信じたものに自らをゆだねる、非常に強い決意を心の内に持っていました。

編集部：次の世代に伝えるバワのメッセージは何かありますか？

バワは何かまとまった発言をすることはめったにありませんでしたし、常に理論には懐疑的でした。しかしながら、彼の仕事を見れば、若い世代の建築家へのメッセージをいくつか見つけることができるでしょう。

以前にやった仕事の経験を参考にするのではなく、あらゆる新しい仕事は、新たに考えるための新しい挑戦と見なしなさい。過去は、未来を予測することを助ける教訓として見ることで意味を持つのです。

（翻訳／山口由美）

ジェフリー・バワ略年譜

1919年	0歳	7月、スリランカ（当時セイロン）のコロンボで、父ベンジャミン・バワと母バーサの間に次男として生まれる。
1923年	4歳	弁護士でセイロン軽歩兵隊中尉の父ベンジャミンがロンドンで没する。ジェフリーはコロンボの母方の親戚宅やネゴンボ付近の家族の邸宅で子供時代を過ごす。
1929年	10歳	10歳年上の兄ベイビスが、母方の親戚から、ベントータのブリーフという名のゴムのプランテーションを受け継ぎ、オーナーとして移住する。
1939年	20歳	イギリス・ケンブリッジ大学に合格。夏、入学前の休暇でイタリア旅行中に、第二次世界大戦勃発。急ぎイギリスに戻る。
1945年	26歳	秋、友人と再びイタリア旅行へ。北イタリア・ガルダ湖近くのヴィラに滞在し、ルネサンス建築の巨匠、パラーディオの作品群を目にして、建築への興味が開かれる。
1946年	27歳	1月、母の健康状態が悪化、兄ベイビスに呼び戻され帰国。4月、母バーサ死去。相続したコロンボの邸宅を売却、愛車ロールスロイスを兄に買い取ってもらい、母国を離れ旅に出る。
1947年	28歳	アメリカ・サンフランシスコで出会ったビクター・チャピンとともに、年末から数ヶ月間、イタリア・ガルダ湖畔のヴィラで過ごす。
1948年	29歳	2月4日、イギリスから自治領セイロンとして独立。母国に残した不動産を売却してイタリアのヴィラ購入を計画するが、経済悪化のため断念し帰国。兄の住むブリーフに程近いデドゥワ湖に面した土地をルヌガンガ（塩の川）と命名、理想郷を創り上げることに没頭。後に別荘兼創作の拠点となる。
1949年	30歳	ルヌガンガを訪れたパリのアーティストで従姉妹のジョーゼット・カミーユから、建築家になるよう助言される。帰国するカミーユとともにイタリアへ向かった兄ベイビスが、船上でオーストラリア人芸術家のドナルド・フレンドと出会い、恋に落ちる。

1952年	33歳	ジェフリー、建築を学びにイギリス・ケンブリッジへ。
1957年	38歳	1月、ドナルド・フレンドが恋人ベイビスの住むブリーフに滞在（〜1962年7月まで）。ジェフリー、ついに建築家として英国王立建築家協会の一員となる。
1960年	41歳	コロンボ市内に33rd Lane（後のナンバー11）を建てる。
1961年	42歳	政府が誘致するコロンボのヒルトンホテル計画に関わるが実現せず。
1965年	46歳	ブルー・ラグーン・ホテル（現ジェットウイング・ラグーン）を建築（〜1966年）。
1967年	48歳	ベントータ・ビーチ・ホテル（現シナモン・ベントータ・ビーチ）を建築（〜1969年）。セレンディブ・ホテル（現ターラ・ベントータ）を建築（〜1970年）。
1970年	51歳	大阪万博のセイロン・パビリオンが完成（終了後、解体）。
1972年	53歳	セイロンからスリランカ共和国と改称、完全独立を果たす。ドナルド・フレンドらに招聘され、インドネシア・バリのバトゥジンバの設計に関わる（〜1975年）。
1973年	54歳	ザ・ネプチューン・ホテル（現ヘリタンス・アーユルヴェーダ・マハ・ゲダラ）を建築（〜1976年）。
1978年	59歳	2月、スリランカは大統領制に移行、ジュニウス・リチャード・ジャヤワルダナが大統領に就任。9月、スリランカ民主社会主義共和国に改称（現在に至る）。
1979年	60歳	スリ・ジャヤワルダナプラ・コッテの国会議事堂建設のプロジェクト始動。トライトン・ホテル（現ヘリタンス・アフンガラ）を建築（〜1981年）。
1982年	63歳	国会議事堂完成。
1991年	72歳	ヘリタンス・カンダラマを建築（〜1994年）。
1994年頃	75歳	少しずつ歩行が困難に。
1995年	76歳	ジェットウイング・ライトハウスを建築（〜1997年）。
1996年	77歳	ザ・ブルー・ウォーターを建築（〜1998年）。ホテルとして最後の作品となる。
1997年	78歳	年末、ジャヤワルダナ一家別荘（現レッド・クリフス）建築現場に赴き、夜、初めて脳梗塞の発作を起こす。
2003年	83歳	5月、逝去。

＊本書は書き下ろし作品です。

［参考文献］
David Robson “Geoffrey Bawa: The Complete Works”
　Thames & Hudson 2002
David Robson “Beyond Bawa: Modern Masterworks of Monsoon Asia”
　Thames & Hudson 2007
山口由美 『アマン伝説─創業者エイドリアン・ゼッカとリゾート革命』
　文藝春秋 2013

［協力］
The Geoffrey Bawa Trust

［取材コーディネーター］
セレンディピティ倶楽部　橋迫 恵

［撮影］
山口由美　　　　　　　下記以外すべて
Dominic Sansoni　　　p.002、p128
筒口直弘（新潮社写真部）　p.009

［ブックデザイン］
工藤強勝＋勝田亜加里（デザイン実験室）

［シンボルマーク］
nakaban

1頁：　ヘリタンス・カンダラマにて
3頁：　アヴァニ・ベントータ・リゾート&スパにて
126頁：ザ・ブルー・ウォーターにて

撮影：山口由美

＊本書に掲載した住所や電話番号等は2024年8月現在のものです。
＊日本からスリランカに電話をかけるには、国際電話識別番号（010)、スリランカの国番号（94)、市外局番の最初の0をとった番号（コロンボ市内の場合は11)、相手先の電話番号、となります。

とんぼの本

熱帯建築家《ねったいけんちくか》　ジェフリー・バワの冒険《ぼうけん》

発行　2015年11月25日
2刷　2024年10月10日

著者　隈研吾《くまけんご》　山口由美《やまぐちゆみ》
発行者　佐藤隆信
発行所　株式会社新潮社
住所　〒162-8711 東京都新宿区矢来町71
電話　編集部 03-3266-5381
読者係 03-3266-5111
ホームページ　https://www.shinchosha.co.jp/tonbo/
印刷所　TOPPANクロレ株式会社
製本所　加藤製本株式会社
カバー印刷所　錦明印刷株式会社

ISBN978-4-10-602263-0 C0352

ジェフリー・バワ Geoffrey Bawa 1919-2003